그림으로 읽는 요한계시록

이천년의 침묵 성서화

강정훈 지음

한국장로교출판사

"내가 진실로 속히 오리라. 아멘. 주 예수여 오시옵소서."

성경의 클라이맥스인 요한계시록의 마지막 말씀이다. 주님이 이 땅에 재림하신다는 선언은 짧다. 그러나 계시록에서 4회나 반복되는 "속히 오리라"는 말씀은 실로 우주적인 단호함이 서려 있다. 그 음성 앞에 사도 요한이 즉시 아뢴 "주여, 오시옵소서"의 아람어 "마라나타"[Maranatha]에는 초대교회 이후 모든 성도들이 간절히 소망하는 바로서, 인류 구속의 역사가 그리스도의 다시 오심[재림]으로 완성되기를 기원하는 고백이다.

사도 요한이 노년의 시기[AD 95-96년경]에 밧모섬에서 본 묵시들, 즉 하늘나라 보좌와 최후의 심판, 새 하늘과 새 땅에 대한 환상을 요한계시록으로 선포한 지 2천 년이 되었다. 그러나 예수 재림 때에 들려 올 천군천사의 나팔과 호령 소리가 아직 들리지 않는다. 하늘이 '이천 년의 침묵[沈默]'을 계속하고 있는 것이다. 그러나 구약의 예언자들은 하나님이 침묵하시는 것처럼 보이더라도 여호와의 심판의 날이 가까이 왔으며, 온 천하는 그 앞에서 두려운 마음으로 잠잠해야 한다고 예언했다[합 2:20, 습 1:7]. 그러므로 우리는 잠잠히 기도하며 기다려야 하는 것이다.

요한계시록을 기록할 당시는 기독교가 로마제국에 심하게 박해 받던 시기로, 그리스도인들은 묵시문학을 통해 재림에 대한 소망을 비밀스럽게 간직해야 했다. 또한 천 년이 지나 이슬람의 박해와 흑사병 창궐로 종말론이 지배하던 시대, 유럽의 민중들은 요한계시록의 삽화를 보며 진심으로 새 하늘과 새 땅이 이루어지기를 갈망했다. 그리스도인들은 자기들이 처한 환난과 고통 앞에서 요한계시록에 담긴 소망을 붙들고 다시 일어섰던 것이다. 그렇다면 2천년이 지난 이 땅의 교회는 어떠한가? 많은 교회와 그리스도인들이 요한계시록은 환상과 상징과 비유로 가득차 있고, 읽어도 이해하기 어려운 성경이라며 조심스러워하고 있다. 또한 하나님 나라보다는 현재의 복을 추구하고, 물질지상주의와 세속주의에 빠져 요한계시록의 말씀에 담긴 소망에 대해 무관심으로 침묵하고 있을 뿐이다. 하나님 나라에 대한 확신과 기쁨이 사라져 버린 그 빈자리에 이단과 사이비 종교가 비집고 들어오고 있다. 힘겨운 고난의 삶과 영적 갈급함으로 인하여 현대의 교회와 교인들이 이단의 미혹에 빠지는 현상이 안타까울 뿐이다.

「이천년의 침묵, 성서화 : 그림으로 읽는 요한계시록」은 이러한 침묵의 시대에 필자의 40년간의 노력과 하나님의 은혜가 배인 작은 결과물이다. 돌아보면 난해한 요한계시록의 말씀을 이해하기 쉽게 그리고자 했던 화공들의 아름다운 중세 채색 필사본Illuminated Menuscript을 만나기 위해 먼길을 마다하지 않고 수도원과 미술관을 찾아다닌 그 하루하루가 절대자에게 한걸음씩 다가서는 행복한 길이었다.

그간 수집한 요한계시록 그림들을 순서대로 모아놓고 성경을 읽으며 살피다 보니 말씀에 대한 섬세하고 뚜렷한 묘사가 놀라웠다. 삽화들을 차례대로 바라보기만 해도 요한계시록 제1장부터 마지막 22장까지의 줄거리와 의미가

확연하게 떠올랐다. 이 책을 읽는 독자들도 동일한 감동을 만나길 기대하는 마음이다.

요한계시록은 결코 난해한 성경이 아니다. 하나님 나라를 꿈꾸게 하는 한 편의 웅장한 드라마같이 진행되다가도 중간에 긴장을 풀도록 위로하며 웃기는 막간극[삼경]이 나온다. 섬뜩한 지옥의 장면도 어린이 만화처럼 단순하게 보여 주는가 하면, 단테의 「신곡」에서 비아트리체가 갈망하던 하늘나라도 그림자처럼 희미한 것이 내 가슴속의 실체로 다가오게 한다. 또한 24장로의 현악기와 천사들의 트럼펫 연주, 그리고 14만4천 명의 성도들이 시온산 위의 어린 양 예수님께 바치는 우렁찬 합창이 어우러지는 장엄한 심포니 오케스트라가 이 짧은 묵시에서 울려나온다. 온 세상이 침묵하는 답답한 이 땅에서 요한이 본 환상과 계시의 기록은 오늘날을 참고 기도하며 하나님 나라를 기다리는 우리가 믿음과 감동으로 살 수 있는 힘을 준다.

중세 묵시록 사본의 영인본 삽화를 구입하고 관련 자료들을 블로그 '성서화 라이브러리' 에 전시하고 있으나 저작권 문제로 인하여 이 책에 더 많은 도판을 본서에 수록하지 못함이 아쉬울 뿐이다.

그러나 이 책에는 10~13세기에 스페인 지역 여러 수도원에서 필사한 「베아투스의 묵시록 주해서」 사본을 비롯한 중세묵시록과 기도서 등 아름다운 채색 필사본Illuminated Menuscript 40여 권에서 뽑은 요한계시록 관련 삽화 120여 도판을 중심으로 요한계시록을 쉽게 풀이하였다. 그리고 이 성서화 도판에 대해 깊은 관심을 가진 독자들을 위해 도메인domain을 상세히 첨부하였다.

이 책을 감수하고 추천의 글을 써 주신 스승님들께 깊이 감사드린다. 또한 지난 해 「천년의 신비, 성서화」에 이어 「이천년의 침묵, 성서화」가 나오기까지 수고해 주신 한국장로교출판사 직원분들께 저자로서 깊은 감사를 드린다. 그리고 평생 믿음과 사랑의 동반자인 박안자 권사에게 고마운 마음을 전한다. 마지막으로 이 책을 소래교회 첫 담임목사인 매켄지W. J. Mckenzie 선교사님과 양화진에 묻힌 선교사 가족 여러분, 그리고 한국교회 앞에 증정한다.

2017년 7월

영천 강정훈 교수

차례

추천하는 글-그림으로 쉽게 성경읽기

본서는 요한계시록의 인물과 사건을 그림으로 표현한 미술작품을 수집하여 성경의 메시지와 연결시켜 알기 쉽게 엮어냈다. 평생 목회생활을 경험한 사람으로 솔직하게 표현한다면 성경 66권 중 요한계시록을 본문으로 설교를 하거나 강해를 할 때면 주저하게 된 것은 그 속의 난제들이 많았기 때문이다. 그런데 본서는 성서화를 통하여 요한계시록 본문을 설명함으로 독자들로 하여금 계시록을 잘 이해시켜 주고 있다. 성서화는 성화와 다르기 때문에 그 표현기법 역시 다양하다. 저자는 책 서두에서 성서화는 종교개혁 이전의 그림성경임을 밝히고 있다.

「이천년의 침묵, 성서화」는 그림으로 이해하는 요한계시록이다. 요한계시록은 말 그대로 묵시록이다. 밧모섬에 유배생활 중 사도 요한에게 보여 준 계시이기 때문에 어렵고, 한편으로는 조심스럽게 접근케 하는 책이 요한계시록이다. 또한 본서는 요한계시록을 현실감 있게 말씀 속으로 인도한다는 것이다. 그림으로 성경말씀을 설명해 주기 때문에 이해하는 데 매우 유익하다고 하겠다. 끝으로 이 책은 저자의 복음적인 신앙을 바탕으로 오직 어린양 예수중심으로 엮고 있으며, 믿는 성도들의 소망을 어린양의 혼인잔치로 안내해 준다. "마라나타, 주 예수여 오시옵소서" 우리가 경배할 대상은 오직 예수님이시며 그의 오심을 사모하며 기다리는 신앙으로 이 책은 마무리하고 있다. 이 책이 많이 읽혀져서 요한계시록을 보다 더 쉽게 이해하는 계기가 되기를 바란다.

김순권 목사

대한예수교장로회(통합) 증경총회장

'성서화'聖書畵란 성경사본, 기도서, 주석서 등에 끼워 넣은 성경내용의 그림을 가리킨다. 그것은 단순한 '성화'聖畵와 다르다. '성화'가 성경의 사상에 근거한 그림이라면 '성서화'는 성경의 내용에 근거한 그림이고, '성화'가 '성서화'를 포함하는 거룩한 그림들이라면 '성서화'는 일반 성화가 미치지 못하는 고유의 영역을 가지고 있다. 그러기에 모든 성서화는 성화라 할 수 있으나, 모든 성화가 성서화는 아닌 것이다.

10세기 이후 여러 수도원에서 그 사본을 만들 때에 여러 가지 재앙과 천상의 모습을 삽화로 추가하였는데 이 사본들을 총칭한 베아투스본이 유명하다. 그들은 그림들을 통하여 계시록에 대한 이해를 돕고자 했다. 삽화를 곁들인 주석서를 읽고 동시에 삽화를 보는 시청각 교육을 통하여 수도사들의 개인적인 명상과 묵상에 어떤 도움을 줄 수 있다는 의도였다. 또한 그 삽화들을 통하여 교회의 승리를 확신시키고자 했다. 이슬람의 군사들이 스페인을 공격하고 신자들은 그 위협을 피하여 도망가야만 했던 상황에서 "교회는 사단의 권세를 피하고 반드시 승리한다"는 계시록의 메시지를 그림을 통해 전달코자 했다.

종교개혁 이전의 오래된 중세의 성서 삽화들을 오랫동안 수집하신 저자의 노력에 경하를 드리지 않을 수 없다. 이 책은 첫째, 재현再現, recollection의 책이다. 이 책은 계시록의 저자, 사도 요한이 계시 받았던 그 환상들을 재현시켜 감상하는 독자로 그것을 보게 한다. 둘째, 이미지image의 책이다. 이 성서화들은 그것을 감상하는 자들로 하여금 머리 속에 오랜 인상이 남게 한다. 셋째, 대용(代用, substitution)의 책이다. 성서화는 그림으로 보는 일종의 그림 성경이다. 문맹자들이나 성경을 읽지 못하는 자들에게는 그림만 봐도 은혜가 될 수 있다. 넷째, 공유(公有, sharing)의 책이다. 모쪼록 이 책을 보는 모든 이에게 이 책의 모든 그림들을 그리신 화가들과 이 그림들을 수집하여 출판하신 저자의 받은 은혜가 함께 하기를 바란다.

박수암 명예교수

장로회신학대학교, 신약학

성경은 이해의 면에 있어서 양면성을 갖고 있다. 누구나 이해할 수 있는 평이성이 있는가 하면, 어느 누구도 100% 이해할 수 없는 난해성이 있다. 성경의 66권 중 아마 제일 난해한 책은 요한계시록일 것이다. 사람들이 요한계시록을 등한히 하는 이유는 그것을 읽어도 무슨 말인지 잘 모르기 때문이다. 거기에는 숫자, 상징, 암호, 환상들이 많이 들어있기 때문에 그렇다. 또 다른 이유는 이 책의 내용이 미래에 될 일, 종말론적인 내용을 담고 있기 때문이다.

며칠 전 경기도 파주에 있는 율곡(栗谷) 이이(李珥)의 유적지를 다녀온 적이 있었다. 율곡은 16세기 조선 중기의 유학자이자 큰 정치가로 주기론(主氣論)을 주장했다. 그곳에서 그를 소개하는 만화영화를 보았다. 만사에 짜증을 부리는 한 아이를 등장시켜 타임머신을 타고 그때로 돌아가 신사임당과 율곡을 만나게 하고, 율곡은 그에게 자신을 3인칭으로 소개하면서 난해한 그의 사상을 이야기했다. 그것을 보면서 성경도 다양한 방법으로 보고 읽을 수 있도록 해야 한다는 생각이 들었다.

이런 생각에 발맞추듯 성서화의 두 번째 책을 내놓는다. 이번에는 성경에서 가장 어렵다고 하는 요한계시록이다. 중세시대 요한계시록의 여러 삽화를 통하여 말씀을 보고 듣고 읽을 수 있도록 우리를 안내해 준다. 그 당시 하나님의 말씀은 사제의 강론에 의해 단편적으로 듣는 시대였기에 화가들은 성경 말씀을 듣고 읽던 중에 받은 영감을 그림으로 그렸다. 이것이 많은 사람들에게 전달되어 하나님의 말씀을 더 쉽고 입체적으로 이해할 수 있는 길이 열리게 된 것이다.

이 책을 추천하면서 두 가지 기대가 있다. 하나는, 어려운 요한계시록의 말씀을 쉽게 이해하게 되는 것이다. 이 책을 통해 가장 멀리 있던 요한계시록이 앞으로는 가장 가까이에 두고 보는 책이 되는 것이다. 또 하나는, 우리가 이 세상을 살면서 당장 눈앞에 보이는 것만 보는 근시안적인 삶이 아닌 더 멀리 내다보며 새 하늘과 새 땅을 소망하며 사는 삶이다. 감동적인 책의 출간을 위해 기도와 열정으로 수고하고 애쓰신 저자와 한국장로교출판사 여러분들에게 축하의 말씀을 드리며, 저자의 세 번째 성서화를 기대해 본다.

정 우 목사
미암교회 담임목사

제1부
세상의 교회들은 들으라

일곱 촛대 사이에서 들려오는 소리

알파와 오메가이신 그리스도 요한계시록 1장

요한계시록은 성경에서 이해하기 가장 어려운 책이다. 계시록이라는 제목부터 생소하고, 형형색색의 말과 재앙을 부르는 나팔소리, 무시무시한 붉은 용과 짐승들, 진노로 가득 찬 항아리, 맷돌을 든 천사들, 그리고 7, 12, 666의 난해한 숫자 등 환상과 상징과 비유로 가득 차 있기 때문이다. 이처럼 이해할 수 없는 이야기들을 사람들이 조금이나마 쉽게 알 수 있도록 도움을 준 것은 중세의 이름 없는 화공들이 그린 성경의 삽화이다.

화공들은 수도원 필사실에서 필사하며 원본에 없던 삽화를 그려 넣었고, 이들의 그림은 글을 알지 못하는 이들이나 말씀을 알고 싶어 하던 이들에게 많은 영향을 끼쳤다. 본서에서 자주 소개될 '밤베르크묵시록'의 삽화들도 베아투스 리에바나가 집필한 '요한묵시록주해서'라는 책의 필사본에 있는 작품들이다.

한편 이해하기 어려운 요한계시록의 말씀이지만 지은이와 주제는 명확하다. 지은이는 사도 요한이요, 주제는 예수 그리스도의 계시의 말씀이다.

> "예수 그리스도의 계시입니다. 이 계시는 곧 일어나야 할 일들을 그 종들에게 보이시려고, 하나님께서 그리스도에게 주신 것입니다. 그런데 그리스도께서는 자기의 천사를 보내셔서, 자기의 종 요한에게 이것을 알려 주셨습니다."계 1:1, 새번역

계시를 받고 있는 요한의 모습을 재미있게 표현한 그림이 있다. 코스메 투

코스메 투라, 〈밧모섬의 복음서 기자 성 요한〉, 1470년경, 패널에 템페라, 27×32cm, 티센 보르네미사 미술관, 마드리드

라의 〈밧모섬의 복음서 기자 성 요한〉에는 요한계시록[묵시록]의 저자인 사도 요한의 모습이 신비롭게 그려져 있다. 텁수룩한 수염에 맨발로 밧모섬 어딘가의 바위에 기대어 비스듬히 턱을 괴고 그리스도께서 보내신 천사로부터 전해들은 말씀을 기록 중이다. 그의 오른팔에는 요한을 상징하는 큰 독수리가 날개를 활짝 펴고 묵시록을 읽고 있다. 이 그림을 그린 코스메 투라는 북부 이탈리아 페라라 출신의 초기 르네상스 화가이며, 공상적이고 환상적인 조형성을 강조하는 페라라화파[Ferrarese School]의 창시자이다. 그는 성경 인물들의

섬세한 감정표현과 독특한 색감이 담긴 제단화와 우의화allegory를 남겼다.

집필 당시 사도 요한은 에베소를 비롯하여 소아시아에서 전도하다가 로마 제국의 박해로 인해 밧모섬에 유배되어 있었다. 사도 요한은 요한복음과 요한1,2,3서를 기록하였을 뿐만 아니라 노년에 계시를 받아 일곱 교회에 편지를 쓰기도 하였는데, 이것이 바로 요한계시록이다AD 95–96년경. 스스로를 '종'이라고 낮춘 그는 예수님의 열두 제자 중 베드로, 야고보와 함께 변화산에서 예수님의 영광스러운 변모를 목격한 3인의 수제자 중 한 명이다. 최후의 만찬 자리에서 스승에게 기대어 있던 나이가 제일 어린 제자로서 예수의 십자가 고난 때에 홀로 성모를 부축하고 모친을 부탁한다는 예수의 유언을 받든 제자이기도 하다.

요한계시록을 받고 있는 사도 요한

11세기 초 스페인에서 제작된 밤베르크묵시록에 그려진 첫 번째 삽화는

〈요한계시록을 받고 있는 사도 요한〉, 밤베르크묵시록, 라이헤나우 수도원(콘즈탄츠호), 1000–1020. 밤베르크 주립도서관, 독일

〈요한계시록을 받고 있는 사도 요한〉이다. '밤베르크묵시록'의 삽화들은 우리가 보던 그림의 표현양식과 사뭇 다르다. 주제는 그리스도교적이지만 표현양식은 이슬람풍이어서 낯선 느낌을 주는 그림들이 많다. 이런 풍의 그림들을 가리켜 '모사라베 예술'Mozarabic art이라고 한다.

삽화의 등장인물은 천사와 사도 요한이다. 머리에 초록 후광이 있는 요한은 흰옷에 붉은 외투를 입고 종과 같은 모습으로 무릎을 굽혔다. 베일로 가린 손으로 공손히 받는 것은 예수 그리스도의 계시의 말씀이 적힌 두루마리책이다. 이 책 표지에는 두루마리책의 일곱 봉인을 상징하는 반짝거리는 일곱 개의 디스크가 장식되어 있다. 계시啓示라는 말은 영어로는 '레벌레이션'revelation이며, 묵시默示는 아포칼립스apocalypse인데 이는 '열어서 브여 준다'는 뜻의 헬라어 '아포칼립시스'에서 유래하였다.

〈일곱 촛대 가운데 선 인자〉, 밤베르크묵시록, 라이헤나우 수도원(콘즈탄츠호), 1000－1020. 밤베르크 주립도서관, 독일

환상으로 본 부활하신 그리스도

밤베르크묵시록의 두 번째 그림은 〈일곱 촛대 가운데 선 인자〉이다. 성령에 감동된 요한의 등 뒤에서 "네가 보는 것을 두루마리에 써서 일곱 교회에 보내라"계 1:11는 우렁찬 소리가 들렸다. 요한이 놀라서 돌아보니 일곱 촛대 가운데 칼을 입에 물고 광채가 나는 분이 보였다. 정신을 차리고 자세히 보니 그가 젊은 시절 십자가 아래에서 바라보던 인자가 부활하신 모습으로 나타나신 것이다.

시몽부에의 17세기 유화 작품인 〈그리스도의 십자가 처형〉을 보면 성경 기록과 같이 12사도 중에서 유일하게 예수의 최후를 그분의 어머니 마리아 곁에서 지킨 사도 요한의 모습을 볼 수 있다. 그 십자가에서 죽으신 그리스도는 일곱 촛대 사이에서 부활하신 인자의 모습으로 요한 앞에 나타나신 것이다.

'인자'the Son of Man는 사람의 아들이라는 뜻이지만 여기서는 하나님의 아들인 예수 그리스도를 뜻한다. 요한은 소아시아에 있는 일곱 교회에 편지를 쓰기 위해 부활하신 예수의 환상을 꼼꼼하게 기록하였으며, 밤베르크묵시록의 필경사는 말씀 그대로 삽화를 그렸다. 〈일곱 촛대 가운데 선 인자〉에서 그리스도는 대제사장이 입는 긴 옷에 금 허리띠를 둘렀고, 눈은 불꽃 같고, 오른손에는 일곱 별을 쥐고 있다. 그리고 입에는 예리한 양날 칼이 나오고 있는데 칼이 나온다는 것은 말씀이 힘이 있으며 심판의 기능을 상징한다.

일곱 금 촛대는 구약에서 대제사장 아론이 성소에 불을 밝힐 때 썼던 일곱 가지가 달린 금 촛대인 메노라menorah에서 연유한다. 또한 본문에서는 대제사장 되신 예수와 그의 교회를 상징한다. '일곱'이란 숫자는 일곱 교회, 일곱 봉인, 일곱 나팔, 일곱 이적, 일곱 대접 등 계시록에 54회나 나타난다. 이 숫자는 성경의 묵시문학과 히브리문학에서 완전 또는 성취를 의미한다.

시몽부에, 〈그리스도의 십자가 처형〉, 1622, 예수교회, 제노아

나는 알파와 오메가라

"주 하나님이 이르시되 나는 알파와 오메가라 이제도 있고 전에도 있었고 장차 올 자요 전능한 자라 하시더라"계 1:8

파쿤도 베아투스 묵시록주해서 사본에는 강렬한 삼원색으로 된 채색 삽화인 〈알파와 오메가〉가 있다. 그림 아래 부분에는 찬양하는 장로들과 어린양이 보인다.

어린양이 지고 있는 대형 '오비에도 십자가'Oviedo Cross가 삽화의 중심을 이루고 있으며, 이 십자가 좌우에는 라틴어 알파벳의 첫 글자인 '알파'와 마지막

〈알파와 오메가〉, 파쿤도 베아투스, 1047, 양피지에 채식, 마드리드국립도서관

글자인 '오메가' 글자가 황금색 줄에 달려 있다. 오비에도 십자가 문양은 중세에 무슬림 무어인들에게 유일하게 정복당하지 않았던 스페인 북부 아스투리아스주의 수도인 오비에도에서 이를 기념하기 위해 만든 십자가이다. 이 십자가 상하에는 10세기에 널리 알려진 라틴어 문구 'PAX LUX REX LEX'가 황금색으로 새겨져 있다. 이는 '평화와 빛 되신 왕이요 법'이란 의미이며, 네 단어의 'X'는 희랍어인 그리스도[크리스토스, kristovs]의 첫 글자이다.

부활하신 그리스도는 태초에 세상을 창조하신 분이다. 또한 세상 끝날에는 심판주로 구름을 타고 다시 오신다. 우리는 주님께서 요한계시록의 핵심적인 계시를 일곱 교회를 포함한 세상의 모든 교회와 성도들에게 깨어서 들으라고 미리 알려 주셨음을 명심하여야 할 것이다.

너의 첫 사랑을 버렸느니라

소아시아 일곱 교회에 보낸 편지 요한계시록 2장상

요한은 밧모섬에서 환상 가운데 천사로부터 계시를 받고, 일곱 촛대 가운데 계신 주님의 모습도 생생히 보았다. 요한은 천사로부터 받은 편지를 아시아에 있는 일곱 교회에 보냈다. 이 편지는 그때 이후 오늘날까지 세상의 모든 교회와 성도들에게 하시는 성령의 말씀이다[계 2:7].

1400년경 제작된 플랑드르묵시록에는 〈일곱 교회 천사들과 함께 있는 그리스도와 요한〉이 있다. 삽화 중앙에 황금으로 된 일곱 촛대와 양날의 칼을 입에 문 인자[그리스도]가 서 있으며, 요한은 그 발 앞에 경건한 자세로 무릎을 꿇고 인자를 쳐다보고 있다. 또한 그 주위에는 에베소 교회 등 소아시아 일곱 교회당이 있고, 그 정문에 사자[수호천사]가 손을 모으고 기도하고 있다. 하단 오른쪽에는 천사가 일곱 교회에 보낼 두루마리 편지를 요한에게 전하고 있으며, 그 아래에는 이 편지를 소아시아 일곱 교회에 전하기 위해 에게해에서 급히 노를 젓는 요한의 모습이 있다.

〈일곱 천사들과 함께 있는 그리스도와 요한〉, 플랑드르묵시록, 작가 미상, 1400년경, 양피지에 채식, 27.7×18.5cm, 프랑스국립도서관, 파리

한스 발둥, 〈밧모섬의 복음서 기자 성 요한〉, 89.5×76.8cm, 1511년경, 메트로폴리탄박물관, 뉴욕

16세기 독일 화가인 한스 발둥의 〈밧모섬의 복음서 기자 성 요한〉에는 붉은 옷을 입은 사도 요한이 아기 예수를 안고 있는 마리아가 구름 속에 나타난 환상을 보면서 묵시록[요한계시록]을 기록하고 있다. 검은 독수리는 복음서 기자인 요한을 상징한다. 또한 요한의 붉은 옷은 십자가에서 흘린 그리스도의 피를 상징하며, 마리아가 입은 푸른 성의는 하나님에 대한 충성을 나타낸다. 아름다운 채색의 이 성서화는 밧모섬에서 요한이 본 환상에 대한 내용인데도 마리아와 아기 예수가 등장하는 것이 특이하다 하겠다.

요한의 묵시[은밀하게 감추인 형태로 전해진 계시]는 예수님의 재림을 미리 알리는 것이 핵심이다. 그러므로 첫 환상은 예리한 칼을 물고 있는 부활하신 예수님을 본대로 증거하였고 이번에는 인간의 모습으로 성육신하신 어린양 아기 예수를 환상으로 본 것이다. 요한은 사탄이 마리아와 아기 예수를 공격하는 환상과 주님의 재림 전에 큰 환난으로 교회가 핍박받는 근본적인 원인은 메시야 탄생을 방해하려는 사탄의 강력한 저항 때문이라는 사실도 계시록의 중간에서 기록하였다. 그리고 요한은 주님의 마지막 십자가를 회상하였다.

주님은 십자가에서 운명하기 전에 성모에게 "어머니여 아들입니다."라고 고별인사를 했으며, 사랑하는 제자 요한에게는 "보라. 어머니시다."라고 자신의 모친을 부탁하였다. 그러한 전후 인연을 알면 요한이 보고 있는 마리아와 아기 예수가 가진 의미를 바르게 알게 된다. 그 마리아가 지금 황금색 머리칼을 휘날리며 금빛 초승달 위에 서 있다. 그림에서 여인 마리아는 주님의 교회를 상징하고 그 발 아래의 달은 우리가 사는 세상을 뜻한다. 그러므로 큰 환난을 이겨 낸 교회는 세상 위에 지배력이 있음을 의미하기도 한다.

첫 사랑을 잃어버린 에베소 교회

에베소는 소아시아의 중심지로서, 파르테논 신전의 4배 크기의 거대한 아데미 신전이 있었고, 각종 이교와 신비주의가 만연했다. 그곳에 있었던 에베소 교회는 사도 바울이 3차 전도여행 때에 3년간 선교하여 세운 유명한 교회였다. 하지만 부활하신 주님이 보내신 편지에는 칭찬도 있지만 책망이 더 준엄하다.

> "내가 네 행위와 수고와 네 인내를 알고……또 네가 참고 내 이름을 위하여 견디고 게으르지 아니한 것을 아노라 그러나 너를 책망할 것이 있나니 너의 처음 사랑을 버렸느니라"[계 2:2-4]

〈에베소 교회에 보내는 편지〉, 베아투스 리에바나, 라스후엘가스묵시록, 스페인, 1220. 모건도서관, 뉴욕

13세기 스페인의 라스후엘가스묵시록에 그려진 〈에베소 교회에 보내는 편지〉에서 요한은 소아시아 일곱 교회 중 첫 번째로 에베소 교회 사자[천사] 앞에서 책 모양의 편지를 들고 있다. 에베소 교회당은 탑과 돔의 복합구조로 표현되어 있다. 흰 커튼 가운데 있는 제단에는 황금 성배가 놓여 있다.

바울 선교의 교두보로서 뜨거웠던 에베소에 치명적인 결점이 생긴 이유가 무엇일까? 그것은 이단들이 침투하여 시시비비를 가리다 보니 성도 간의 사랑은 식어지고 첫 사랑을 잃어버렸기 때문이었다. 그래서 주님은 "어디서 떨어진 것인지를 생각하고 회개하여 처음 행위를 가지라."고 말씀하시며 사랑의 회복을 권고한 것이다.[계 2:5]

옛 서머나 공회 자리, 이즈미르, 터키

유대인의 핍박을 받고 순교자를 낳은 서머나 교회

에베소 북방 40마일의 항구도시에 있던 서머나 교회는 로마정권과 합세한 유대인들로부터 훼방과 박해를 많이 받았다. 그리스도인들이 성찬식 때 마시는 포도주를 가리켜 "그리스도의 피"라고 고백하는 것을 두고 피를 마시는 식인종이라는 식이었다. 또한 황제숭배를 거부하는 반국가적 집단이고, 십자가에 죽은 죄수인 예수가 '부활한 메시야'라 하며 혹세무민하는 무

리라고 박해하였다.[1)]

고대 그리스의 서머나에는 당시 아고라agora로 불린 공회 광장이 있었고, 지금은 폐허만 남아 있다. 스토아stoa로 불리는 회랑이 있던 자리도 이제는 기둥만 남아 있다. 당시 시민들은 아고라에 모여 스토아의 그늘에서 대화를 나누고 정치를 논하였는데, 요한 당시의 초대교회도 아고라에서 복음을 전한 것으로 추측된다.

서머나 교회는 폴리갑 등 많은 순교자를 배출한 교회로서 요한의 편지에서 책망 없이 칭찬만 받았다. 그들은 "네가 죽도록 충성하라 그리하면 내가 생명의 관을 네게 주리라"계 2:10라는 위로와 상급의 약속을 받은 교회이다.

우상숭배가 지배했던 버가모 교회

버가모는 로마총독이 주재하는 정치적 중심도시로서 황제숭배의 본거지였다. 이 도시는 우상숭배가 성행하여 도시 꼭대기에는 아테네 신전이 있었고, 그 정면에는 제우스 신당이 있었다. 버가모 교회는 이처럼 세속적인 도시 속에 있는 교회였지만 충성된 증인 '안디바'와 같은 순교자를 배출한 교회이다. 안디바는 초대교회 당시 버가모 교회의 순교자로서, 요한계시록에 '그리스도의 충성된 증인'이라는 명예로운 이름으로 기록되어 있다.

> "네가 어디에 사는지를 내가 아노니 거기는 사탄의 권좌가 있는 데라 네가 내 이름을 굳게 잡아서 내 충성된 증인 안디바가 너희 가운데 곧 사탄이 사는 곳에서 죽임을 당할 때에도 나를 믿는 믿음을 저버리지 아니하였도다"계 2:13

---

1. 박수암, 「신약주석 요한계시록」(서울 : 대한기독교출판사, 1991), 55쪽.

〈버가모 교회의 성 안디바 반신초상〉이 있는 성 카타리나 수도원은 베네치안 스타일의 붉은 색 이콘이 있는 곳으로도 유명하다. 이 수도원에 소장된 성 안디바의 초상은 13세기 초반 십자군전쟁에 참가한 베네치아 화가의 작품으로 추정되고 있다.[2)]

당시의 버가모 교회는 출애굽한 이스라엘 백성들에게 미디안 여인들을 보내어 음행과 우상숭배로 이끌었던 발람의 교훈을 따르는 자들과 예루살렘 교회의 일곱 집사 중 하나였다가 배교한 니골라를 추종하는 자들이 있었다. 그래서 요한은 "회개하라"고 그들에게 경고의 편지를 보낸 것이다.

> "그러므로 회개하라 그리하지 아니하면 네가 제게 속히 가서 내 입의 검으로 그들과 싸우리라"계 2:16

이스라엘 백성이 광야에 있을 때 하나님께서는 믿음을 지키는 자에게는 만나를 주겠다고 약속하셨다. 우리는 음란한 문화와 우상숭배를 일삼았던 버가모 교회 가운데서도 믿음의 사람들이 순교자를 배출하고 하늘의 만나를 약속받았던 모습을 가슴에 깊이 새겨야 할 것이다.

---

2. 카타리나 수도원(SaintCatherine's Monastery)은 527년에 비잔틴제국(동로마제국)의 황제 유스티니아누스 1세(Justinianus Ⅰ)에 의해서 건립되었다. 수도원의 명칭은 4세기 초 알렉산드리아(Alexandrai)에서 순교했다는 성녀 카타리나에서 유래하였다. 다수의 성경 고사본과 전례 예술작품이 있는 시내산 아래의 수도원이다.

작가미상, 〈버가모 교회의 성 안디바 반신초상〉, 13세기 초반. 58.2X44.9cm, 성 카타리나 수도원, 시나이(이집트)

+플러스

소아시아의 일곱 교회

요한이 쓴 편지의 수신자인 일곱 교회들이 있던 곳은 소아시아의 아나톨리아(Anatolia, 현재 터키) 서부 지역으로 에베소에서 시계방향으로 약 40마일씩 떨어져 있으며, 라오디게아까지 연결된 로마의 순환도로상에 위치한 도시들이었다. 전설에 따르면 이 도시들은 요한의 유배 전 선교지였으며, 밧모섬에서 가까운 항구였던 에베소 교회를 중심으로 하여 이 교회들을 섬겼다. 그러나 성경에서 일곱이란 수는 완전을 상징하므로 요한이 쓴 편지는 당시에 있던 모든 교회와 그 이후 역사적으로 존재하는 모든 교회들에게 보내어진 것이라 볼 수 있다.

일곱 편지들은 공통된 형식을 갖추고 있다. 편지 서두에는 편지를 보내는 그리스도의 모습을 기록하였는데, 편지마다 다른 부분이 부각되어 있다. 두 번째는 각 교회에 대한 칭찬과 격려, 그리고 책망과 경고의 메시지다. 칭찬과 책망만 받은 교회가 각 둘씩(칭찬: 서머나, 빌라델비아, 책망: 라오디게아, 사데)이고 칭찬과 책망을 겸해 받은 교회가 셋(에베소, 버가모, 두아디라)이다. 주님께서는 마지막까지 믿음을 잘 지켜 이기는 자에게 생명나무, 면류관 등 상급을 주시겠다는 약속과 소망을 주시는데, 이는 편지를 읽는 독자들에게도 동일한 소망을 준다.

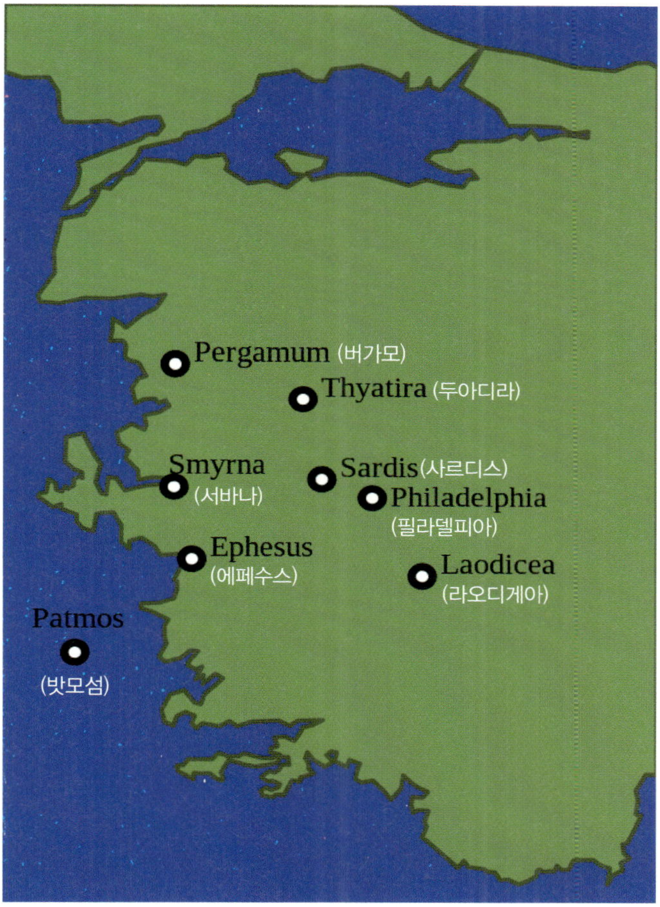

밧모섬과 일곱 교회 위치를 보여주는 서부 아나톨리아 지도

너는 차지도 않고 뜨겁지도 않다

너는 가련하고 벌거벗은 것을 알지 못하는구나 요한계시록 2장하–3장

두아디라는 이름이 없는 작은 도시였으나 직조업과 염직업이 성한 곳이었고, 바울 사도를 돕던 옷감장사 루디아가 이곳 출신이었다. 요한은 이곳에 위치한 두아디라 교회에게 칭찬과 책망을 담아 가장 긴 편지를 보냈다.

거짓 여선지자 이세벨을 용납한 두아디라 교회

"두아디라 교회의 사자에게 편지하라 그 눈이 불꽃 같고 그 발이 빛난 주석과 같은 하나님의 아들이 이르시되 내가 네 사업과 사랑과 믿음과 섬김과 인내를 아노니 네 나중 행위가 처음 것보다 많도다 그러나 네게 책망할 일이 있노라 자칭 선지자라 하는 여자 이세벨을 네가 용납함이니 그가 내 종들을 가르쳐 꾀어 행음하게 하고 우상의 제물을 먹게 하는도다"계 2:18–20

말씀에서 보듯 두아디라 교회는 이세벨로 대표되는 음행과 우상숭배라는 영적 간음행위들이 팽배하였다. 영국 화가 바이암쇼가 그린 〈이세벨〉에는 벌거벗은 창기에 둘러싸인 이세벨이 등장한다. 그녀는 시돈의 옛 임금인 바알의 딸로서 아합 왕의 왕후가 되어 우상숭배와 음행으로 온 이스라엘을 타락시킨 장본인이다. 그런데 두아디라 교회도 이세벨과 같은 거짓 여선지자와 영지주의자 이단들이 들끓어서 우상숭배와 음행에 빠져 있으므로 요한은

바이암쇼, 〈이세벨〉, 19세기. 러셀코트미술관, 본머스, 잉글랜드

이를 경고하였던 것이다.[1)]

세속에 빠져 죽어 가는 사데 교회

사데 교회는 고대 리디아 왕국의 수도로서 화려했던 도시에 있었으나 요한이 편지를 쓸 때는 "살았다 하는 이름은 가졌으나 죽은 자" 같던 교회이다.

1. 박수암, 위의 책, 63쪽. 행음은 당시 이방종교에서 일반적 현상으로 고린도의 아프로디테 신전에는 1천 명이 넘는 전속 창기들이 있었다고 한다.

〈사데 교회에 보내는 편지〉, 라스후엘가스묵시록, 부르고스시 라스후엘가스수도원, 스페인, 1220, 양피지, 모건도서관, 뉴욕

"사데교회의 사자에게 편지하라 하나님의 일곱 영과 일곱 별을 가지신 이가 이르시되 내가 네 행위를 아노니 네가 살았다 하는 이름은 가졌으나 죽은 자로다"계 3:1

라스후엘가스묵시록에 삽입된 삽화인 〈사데 교회에 보내는 편지〉에는 사데 교회 앞에서 십자가를 들고 있는 천사에게 편지내용을 설명하는 요한의 모습을 보여 준다. 제단에는 은제 램프 아래에 성배와 십자가가 놓여 있고, 교회 밖에는 나무 한 그루가 서 있다.

물질적으로 풍요하고 이단의 소동이나 박해의 두려움이 없던 신앙의 무풍지대에 살던 교회인데 왜 칭찬의 말은 없고 책망만 받는 죽은 교회가 되었을까? 박해와 이단보다 더 무서운 것은 세속주의에 빠진 채 졸면서 죽어 가는 모습 때문이었다. 게으른 교회에서는 이단조차 나오지 않고, 사탄은 죽은 교회에는 흥미가 없는 법이다. 지금 우리의 교회들도 사데 교회처럼 죽은 교회라는 책망을 주님께로부터 받을까 두렵다.

면류관을 지키라는 빌라델비아 교회

'형제의 사랑'이란 뜻의 빌라델비아는 왕가의 형제사랑이란 보기 드문 전설을 가진 도시로서 헬라문화를 전파하는 교통의 요충지였다. 빌라델비아 교회는 서머나 교회처럼 유대인으로부터 핍박을 받은 교회이나 인내하고 믿

〈라오디게아 교회에 편지를 쓰는 요한〉, 밤베르크묵시록, 라이헤나우 수도원(콘즈탄츠호), 1000–1020, 밤베르크 주립도서관, 독일

음으로 순종하여 칭찬과 위로와 격려를 받았다. 주님은 그들에게 "내가 속히 오리니 네가 가진 것을 굳게 잡아 아무도 네 면류관을 빼앗지 못하게 하라"계 3:11는 다짐까지 하신다. 또한 빌라델비아 교회는 다른 교회와 달리 꾸중 없이 칭찬만 받은 교회 중에 하나이다.

미지근하여 토하고 싶은 라오디게아 교회

라오디게아 교회는 사데 교회와 비슷하게 박해도 이단도 없는 신앙의 무풍지대였으니 부유하고 미지근한 현실에 안주하는 교회였다. 그래서 편지에서 주님은 그들을 구토가 나는 교회라고 부르시며 준엄하게 꾸짖고 계신다.

> "네가 이같이 미지근하여 뜨겁지도 아니하고 차지도 아니하니 내 입에서 너를 토하여 버리리라 네가 말하기를 나는 부자라 부요하여 부족한 것이 없다 하나 네 곤고한 것과 가련한 것과 가난한 것과 눈 먼 것과 벌거벗은 것을 알지 못하는도다"계 3:16-17

11세기에 제작된 밤베르크묵시록의 〈라오디게아 교회에 편지를 쓰는 요한〉에서 요한은 심각한 표정이다. 요한은 이 편지에서 세속적이고 현실에 안주하여 미지근한 그들을 토하여 버리겠다는 경고의 메시지를 준엄하게 표현하였다. 그러나 책망과 징계를 하면서도 열심을 내고 회개하라는 당부의 말과 함께 주님께서 끝없이 기다리며 사랑한다는 메시지를 잊지 않는다.

영국 화가 윌리엄 홀만 헌트의 〈세상의 빛 되신 예수〉는 현대 기독교인들에게 많은 사랑을 받는 작품이다. 스스로 부족한 것이 없다고 하는 미지근한 신앙으로 살아가는 현대인들의 삶은 곤고한 인생이다. 가련하고 눈먼 자신

윌리엄 홀만 헌트, 〈세상의 빛 되신 예수〉, 125×60cm, 1853-1854, 케블다 학교, 옥스포드

마르티누스(필경:페트루스), 〈요한의 그리스도 현현〉, 오스마 베아투스, 1086, 부르고데오스마 대성당 기록보관소, 스페인

을 알지 못하는 자들에게 그리스도가 찾아와 문을 두드린다. 세상의 빛으로 오신 분이기에 한밤중에 등불을 들고 있다. 그림에서 보듯 그리스도는 스스로 인간을 찾아오셔서 우리 대문을 두드리며 문이 열리기를 기다리신다.

"볼지어다 내가 문 밖에 서서 두드리노니 누구든지 내 음성을 듣고 문을 열면 내가 그에게로 들어가 그와 더불어 먹고 그는 나와 더불어 먹으리라" 계 3:20

성령님이 요한에게 전화하였나요?

11세기 오스마 베아투스 묵시록주해서를 보면 눈에 띄는 독특한 삽화가 있다. 〈요한의 그리스도 현현〉이라는 작품으로 요한이 밧모섬에서 환상 중에 현현하신 예수 그리스도로부터 일곱 교회에 보내는 편지를 받아 쓴 과정을 마치 성령님이 중개하고 있는 듯한 모습으로 표현한 작품이다. 십자가 문양의 녹색 후광이 빛나는 그리스도가 두 천사의 호위를 받으며 보좌에 앉아 있다. 그 아래 위에는 24장로 또는 구약을 대표하는 12지파와 신약을 대표하는 12사도가 경배하고 있다. 비둘기로 표현된 성령이 그리스도의 어깨에 앉아 그리스도의 말씀을 듣고 있다. 비둘기의 꼬리에서 전화선과 흡사한 줄이 나와 있는데, 아래의 호위 천사의 발 아래에서부터는 굵은 선으로 바뀐다. 오늘날의 해저 광케이블을 매설한 것 같다. 이 통신선은 12장로 앞을 지나 에게해를 관통하여 밧모섬에서 하늘을 바라보는 사도 요한의 귀로 들어가고 있다.

필자는 요한이 본 하늘나라의 비밀을 기록한 묵시록을 읽으면서 '인간이 하나님과 어떻게 의사소통을 하였을까?' 하는 의문을 가지곤 했다. 이런 의문이 나뿐만 아니라 수도원에서 성경을 한 글자씩 필사하던 필경사에게도 있었음을 알려 주는 것 같아 웃음을 자아내게 한다.

제2부
책의 비밀봉인을 뜯을 때

요한이 바라본 하늘나라 보좌 요한계시록 4장

네 그룹 천사와 24장로의 환상

우리 인간들은 누구나 이 땅에서 힘든 삶을 살아가면서 마음으로는 자유롭고 환한 세상을 그린다. 이런 인간의 염원과 상상력을 잘 표현한 소설이 단테의 「신곡」이다.

구스타브 도레, 〈저 높은 천국을 바라보는 단테와 베아트리체〉, 신곡에 판화, 1892

〈저 높은 천국을 바라보는 단테와 베아트리체〉는 프랑스의 판화제작자인 구스타브 도레의 작품이다. 19세기 말에 간행된 단테의 「신곡」에 삽입되었는데, 보고 있으면 신비로움이 느껴진다. 그의 풍부한 상상력으로 우리 모두가 동경하는 환상적인 천국의 모습이 눈앞에서 그려지기 때문이다. 단테의 「신곡」神曲, La divina commedia은 1308~1321년에 집필되었으며, 단테 자신으로 추정되는 한 인간이 저승세계를 여행하여 지옥 · 연옥 · 천국에 사는 영혼들을 찾아가는 과정을 그리스도교적 시각으로 쓴 서사시이다. 지옥 · 연옥을 안내하는 자는 베르길리우스이고, 천국을 동행하며 소개하는 이는 베아트리체이다.

요한은 고난당하고 있는 일곱 교회에 편지를 전한 후에 하늘나라를 생생하게 바라본 행운의 사도이다. 하늘 문이 활짝 열리고 "이리로 올라오너라." 하는 큰 소리가 들렸다. "사람이 하늘 구경을 하다니." 하며 놀란 요한이 즉시 올라가니, 말로만 듣던 하나님이 계신 황홀한 보좌가 보였다.

하늘 보좌에 앉으신 하느님

옛날부터 유대인들은 사람이 하나님을 보면 죽는다고 믿고 있었다. 성경에서 하나님을 만나 본 사람은 시내산에서 돌에 새긴 십계명을 받은 모세뿐이다. 그러나 모세는 하나님을 구름과 자욱한 연기 속에서 보았기 때문에 자세한 모습을 한 줄도 기록하지 않았다. 그러나 요한은 환상이긴 하지만 보좌에 앉으신 그분의 모습을 하늘나라에 올라가서 보고 자세하게 기록하였다.

파쿤도 베아투스에 실린 〈어린 양, 네 그룹 천사 그리고 24장로들의 환상〉은 사도 요한이 본 '하늘 보좌의 모습'을 삽화로 그린 것이다. 상층부 그림은 요한계시록 4장에 기록된 하늘옥좌에 앉으신 하나님의 모습이다. 그분은 오른손에 일곱 번 봉인된 요한계시록 두루마리 책을 들고 있으며, 보좌 앞에는 수정과 같은 유리바다가 있다. 보좌와 얼굴이 너무나 눈부셔서 얼굴은 벽옥과 홍보석 같고, 에메랄드 같은 무지개가 둘려 있으며 번개가 치고 뇌성이 들린다고 표현했다. 이 보좌 양쪽에는 그룹천사가 별들이 빛나는 아몬드 모양의 '만돌라'mandorla를 두 손으로 받쳐 들고 있다. 만돌라는 기독교 미술에서 하나님의 전신 후광Halo을 말한다.

보좌 아래의 원 안에는 십자가 아래서 어린양이 두루마리의 봉인을 열고 있다. 어린 양은 십자가에서 돌아가신 그리스도이다. 요한이 봉인된 두루마리를 열어 볼 수 없어 울고 있을 때 천사가 나타나 그리스도만이 닫힌 것을 열 수 있다고 말했다.

어린 양 주위의 네 생물과 24장로

"보좌 앞에 수정과 같은 유리 바다가 있고 보좌 가운데와 보좌 주위에 네 생물이 있는데 앞뒤에 눈들이 가득하더라 그 첫째 생물은 사자 같고 그 둘째 생물은 송아지 같고 그 셋째 생물은 얼굴이 사람 같고 그 넷째 생물은 날아가는 독수리 같은데"계 4:6-7

16세기 독일의 오트하인리히 성경의 삽화인 〈요한의 하늘나라 환상〉에는 파쿤도 베아투스의 그림과 마찬가지로 요한이 바라본 하늘나라의 환상을 담고 있다. 그림의 중앙에는 무지개처럼 둥근 후광 가운데 보좌에 앉은 하나님이 계신다. 하나님 앞에는 어린양이 서서 일곱 인seal으로 봉인되어 하나님 무릎에 놓인 책을 열고 있다. 보좌 위에는 일곱 영을 상징하는 일곱 등불이 있고, 보좌 앞에는 수정과 같은 유리 바다가 보인다.

어린양 주위에는 큰 날개가 달린 사자, 송아지, 사람천사, 그리고 독수리를 닮은 네 생물Four Living Creatures이 하나님을 보좌하고 있다. 이 네 생물은 에스겔

〈어린 양, 네 그룹 천사 그리고 24장로들의 환상〉, 파쿤도 베아투스, 1047년, 마드리드국립도서관

서에서 표현한 바와 같이 태극무늬와 비슷한 큰 바퀴를 타고 있다. 또한 하늘보좌 주위에는 흰옷을 입고 금 면류관을 쓴 이십사 장로들이 거문고와 금대접을 들고 "주께서 만물을 지으셨나이다" 하며 찬미와 새 노래를 드린다. 24장로는 구약의 12족장과 신약의 12사도 또는 제사장의 24반열을 상징하는 것으로 보기도 하며, 그들은 하늘나라에서 천사보다 높은 제사장이다. 그림의 밑부분에는 요한이 울고 있는데, 장로 중 하나가 그에게 다가가 다윗의 뿌리인 예수 그리스도가 계시의 비밀이 적힌 책을 열어 보여 주신다고 말하며 위로하고 있다.

네 생물은 무엇을 나타내느냐에 대하여 많은 논란이 있었다. 이레네우스St. Irenaeus, 아타나시우스Athanasius, 제롬St. Jerom, 그리고 어거스틴St. Augustine 등 초기 기독교 교부들은 네 생물은 사복음서 기자를 상징한다고 명하였다. 제롬에 의하면 마태의 상징은 천사, 마가는 사자, 누가는 황소 그리고 요한의 상징은 독수리이다.

마티아스 게룽, 〈요한의 하늘나라 환상〉, 오트하인리히 성경, 바이에른 주립도서관, 뮌헨

1413~1416년 랭브르Limbourg 형제가 제작한 '베리공의 매우 화려한 기도서'에 실린 〈밧모섬의 성 요한〉은 크게 세 부분으로 나뉜다. 위쪽에는 24장로와 네 생물이 호위하는 가운데 보좌에 앉으신 하나님이 어린양을 안고 있으며, 그 아래에서 세 천사가 나팔을 불며 계시의 음성을 전하고, 요한이 밧모섬에서 보좌를 바라보며 묵시록을 기록하고 있다. 요한 옆에는 요한을 상징하는 독수리가 있는데, 봉인된 묵시록의 열쇠를 입에 물고 있다. 하늘 보좌와 밧모섬 가운데는 요한이 일곱 교회에 편지를 전하기 위해 노를 저어 바

랭브르 형제, 〈밧모섬의 성 요한〉, 베리공의 매우 화려한 기도서, 1413-1416, 콩대박물관, 프랑스

다를 건너고 있다.

중세 시대에 제작된 복음서나 묵시록 삽화에는 네 생물에 대한 제롬의 해석이 일반적으로 받아들여졌다. 17세기의 카라바조Caravaggio나 램브란트Rembrandt의 성서화도 중세의 체계를 따랐으며, 현대 성서미술 연구자들의 해석도 제롬 이론을 따르고 있다.[1)]

17세기 네덜란드 화가인 렘브란트의 유화 〈복음서 기자인 마태와 천사〉를 보면, 마태복음을 기록한 사도 마태가 어둠 속에서 비춰 오는 광선 가운데 들려오는 하늘의 계시를 기록하기 위하여 정신을 집중하고 있다. 마태의 어깨에 손을 얹고 기대어 서서 그 모습을 유심히 살피는 소년은 마태를 상징하는 천사이다.

네 생물에 대한 교부들의 논쟁이 있었지만 사복음서와 연관된 해석은 성경에 없는 내용이므로 중세 이후에는 교회의 관심사항이 아니었다.[NIV주석]

---

1. Stefano Zuffi, *Gospels in Art*, The J. Paul Getty Museum, p. 12.

렘브란트, 〈복음서 기자 마태와 천사〉, 1661, 캔버스에 유채, 루브르-랑스 박물관

+플러스

베아투스묵시록이란?

베아투스 사본들은 리에바나 베아투스Beatus of Liebana가 지은 요한계시록주해서Commentary on Apocalypse를 필사하던 필경사들이 그림을 추가한 것이다.

베아투스730-800경는 리에바나수도원의 수도사로서 786년경 요한묵시록 주해서 12권을 저술하였다. 이 수도원의 현재 명칭은 산토토리비오수도원Monasterio de Santo Toribio이다. 베아투스가 죽고 난 후, 이 책은 종말론이 유럽을 휩쓸던 10세기 전후에 온 유럽을 흔들어 놓았다. 이후 10~13세기에 이슬람 박해 아래 살던 스페인의 여러 수도원에서 사본을 필사하면서 원본에는 없던 삽화가 곁들여졌다. 오늘날에는 26개 사본이 전해지고 있는데 각 사본마다 두려움과 불안에 휩싸인 듯한 강렬한 색채와 이슬람풍의 삽화가 합쳐져 있다. 이러한 베아투스본 삽화들의 특징은 그리스도교적 주제를 이슬람의 형태로 표현한 것으로, 이를 가리켜 모사라베 미술Mozarabic art이라 한다. 그 후 이 양식은 로마네스크 미술에 영향을 미치게 되었다. 리에바나 베아투스가 집필한 '요한묵시록 주해서'에 삽화가 첨가된 주요 베아투스본*은 다음과 같다. 이들의 이름은 수도원 혹은 현 소장처 이름이다.

1. 나예라 프라그멘트The Nájera fragment 9세기
2. 산 밀랑수도원 베아투스Beatusof the Monastery of San Millán 930년경
3. 에스코리알 베아투스Escorial Beatus 950년경

4. 모건 베아투스Morgan Beatus 960년경

5. 산살바돌 베아투스Beatusof San Salvador 968/970년경

6. 발카바도 베아투스Beatusof Valcavado 970년경

7. 우르겔 베아투스Urgell Beatus 975년경

8. 지로나 베아투스Gerona Beatus 975년경

9. 산 밀랑 베아투스Beatusof San Millán 10세기

10. 파쿤도 베아투스Beatus of Facundus 1047년

11. 오스마 베아투스Osma Beatus 1086년

12. 세인트세버 베아투스Saint-Sever Beatus 1060/1070년

13. 실로스 베아투스Beatusof Santo Domingo de Silos 1091/1109년

14. 라이랜드 베아투스Rylands Beatus 1175년경

15. 카데나 베아투스Cardena Beatus 1180년경

16. 로바오 베아투스Beatus of Lorvao 1189년경

17. 아로요 베아투스Arroyo Beatus 13세기

18. 카스티에 베아투스Castile 1220년

스페인 칸타브리아지역 리에바나의 산토토리비오수도원

세상 마지막의 여섯 가지 징조 요한계시록 6장

일곱 봉인의 환난에 대하여

하늘나라 보좌를 자세히 살펴본 요한은 예수님이 재림하기 전 세상 종말의 시기에 일어날 끔찍한 재난의 징조들을 보고 놀라서 그 내용을 요한계시록에 꼼꼼하게 기록하였다. 대환난의 계시는 일곱 봉인, 일곱 나팔, 일곱 대접의 재앙으로 성경을 읽어도 이해하기 어려운 내용이다. 그러나 평생 성경을 필사하며 연구한 수도사들이 제작한 중세 묵시록의 삽화를 보면 말씀 속에 품은 계시의 의미를 이해하는 데 크게 도움이 된다.

메시야 왕국 전에 있을 대환난의 첫 단계는 일곱 가지 책의 비밀 봉인을 하나씩 뜯을 때 일어나는 환난이다. 첫째부터 넷째 봉인을 뗄 때 네 마리의 말이 나타나고, 다섯째는 순교자, 여섯째는 우주의 파멸이 일어나는 등 여섯 가지 재난이 요한계시록 6장에 기록되어 있다. 일곱 봉인이란 요한이 받은 두루마리 책에 너무나 중요한 비밀이 담긴지라 일곱 군데나 도장인, 印을 찍고 밀봉sealed되어 있는데 첫째 봉인부터 여섯째 봉인까지 하나씩 뗄 때마다 각종 재난이 쏟아진다. 마지막 일곱째 봉인을 뜯으니 다시 더 무서운 일곱 나팔 재앙으로 전환된다.

〈백마를 탄 전사〉, 톨코비묵시록, 채색화, 17세기 초. 모스코바

마르티누스(필경: 페트루스), 〈네 마리의 말을 탄 자들〉, 오스마 베아투스, 1086년, 부르고데 오스마 대성당 기록보관소, 스페인

대환난이 시작되면서 나타나는 네 마리의 말

"내가 보매 어린 양이 일곱 인 중의 하나를 떼시는데 그때에 내가 들으니 네 생물 중의 하나가 우렛소리 같이 말하되 오라 하기로 이에 내가 보니 흰 말이 있는데 그 탄 자가 활을 가졌고 면류관을 받고 나아가서 이기고 또 이기려고 하더라"계 6:1-2

첫째 봉인을 떼자 활을 든 흰 말을 탄 사람이 나타났다. 여기서 흰 말을 탄 기사가 누구인가에 대하여는 그리스도 또는 적그리스도antichrist라는 견해도 있었으나 오늘날에는 로마제국의 흰 말을 탄 개선장군 같은 정복자conqueror로 해석한다NIV 주석. 첫 번째 재난은 나라와 나라가 싸우는 국제전쟁으로 보는 것이다.

17세기 모스코바에서 제작된 톨코비묵시록의 〈백마를 탄 전사〉를 보아도 정복자가 개선장군처럼 흰 말을 타고 있다. 이 묵시록의 상부에는 하늘 보좌에서 두루마리를 펴고 있는 하나님과 어린 양이 있으며, 그 둘레에는 네 생물로서 수호천사인 천사, 송아지, 사자, 그리고 독수리가 보위하고 있다. 보좌 아래에는 천사가 요한에게 인봉재앙을 설명하고 있는데 둘 다 머리에 후광이 있으나 흰 말을 탄 정복자에게는 후광이 없다.

둘째 봉인을 떼니 붉은 말이 나타나고 서로 죽이는 큰 칼을 가진 기사가 타고 있다. 이 재난은 붉은 피를 흘리는 내란과 혁명을 말한다. 11세기 오스마 베아투스Osma Beatus 묵시록주해서에 있는 〈네 마리 말을 탄 자들〉이란 삽화에는 네 마리의 말을 탄 자들이 다양한 색채로 표현되어 있다. 이중 그림 위쪽의 첫 장면은 어린 양이 첫째 봉인을 떼어낼 때 나타난 흰 말이다. 흰 말을 탄 기사를 이 삽화에서는 후광이 있는 그리스도로 묘사하였으나 오늘날에는 정복자로 해석한다. 두 번째 붉은 말에는 큰 칼을 가진 기사가 타고 있어 피를 흘리는 전쟁의 재앙을 상징한다.

셋째 봉인을 떼니 저울을 든 그림의 세 번째 기사가 검은 말을 타고 나온다. 이때 "하루 품삯으로 고작 밀 한 되 아니면 보리 석 되를 살 뿐이다"계 6:6 하고 천사가 노래했다. 한 데나리온은 당시 일꾼의 하루 품삯이었으며, 그 돈으로 평상시에는 밀 한 말이나 보리 서 말을 살 수 있는데 겨우 한 되나 석 되를 산다는 노래는 값이 열 배나 폭등하는 기근이 온다는 것을 알려 준다.

〈초라한 말을 탄 시체〉, 앙제의 묵시록 태피스트리(부분), 1373 – 1382, 앙제성당, 프랑스

넷째 봉인을 떼니 이번에는 사망이란 이름을 가진 네 번째 기사가 탄 파리한 청황색 말이 나왔다. 프랑스 앙제Angers 성당에는 98개의 장면이 그려져 있는 거대한 규모의 태피스트리여러 색실로 그림을 짜넣은 직물가 있다. 그중의 한 부분으로 네 번째 말인 〈초라한 말을 탄 시체〉를 볼 수 있다. 청황색은 시체의 색깔로서 말세에는 페스트보다 더 무서운 전염병과 난치병으로 많은 사람이 죽는 재난이 온다는 의미가 담겨 있다.

우리의 피를 언제 갚아 주시렵니까?

다섯째 봉인을 떼니 순교자들의 영혼들이 하늘의 제단 아래서 현세의 심판을 재촉하는 광경이 나타났다.

1270년경 영국에서 발행된 두스묵시록The Douce Apocalypse[2]에 실린 〈다섯째 봉인〉을 보면 하늘나라의 어린 양 그리스도의 제단 위에는 성배가 놓여 있고, 제단 아래에는 순교자들이 주님께 최후의 심판을 속히 하라고 탄원하고 있다. 말세가 임박하면 교인들에게 로마와 같은 권력의 박해나 이단의 핍박이 더욱 심해진다는 재난을 보여 준다.

다섯째 봉인과 관련된 삽화로 엘 그레코의 〈다섯째 봉인을 뗄 때의 요한의 환상〉이 있다. 이 그림은 르네상스 이후 성경의 일곱 봉인 재앙을 유화로 그린 유례를 찾기 힘든 귀한 성서화 작품이다. 누드로 묘사한 군상은 제단 아래에 매장된 순교자들로서 세상 끝 날의 대환난 때에 재림이 임박한 그리스도를 향해 "우리의 피를 갚아 주지 아니하기를 어느 때까지 하시려 하십니까"계 6:10

---

2. 두스묵시록은 영국의 웨스트민스터 사원, 또는 캔터베리 대성당에서 제작된 고딕미술의 걸작으로 현재 옥스퍼드의 보들리도서관에 소장되어 있다.

〈다섯째 봉인〉, 두스묵시록, 보들리도서관, 옥스퍼드, 영국

엘 그레코, 〈사도 요한의 환상(다섯째 봉인을 뗄 때)〉, 1608－1614, 캔버스에 유채,
222.3×193cm, 메트로폴리탄박물관, 뉴욕

하고 조속한 최후의 심판을 청원하는 모습이다.

주님은 그들의 피 묻은 붉은 색 옷을 벗기고 맨 앞의 순교자를 시작으로 흰 두루마기를 주고 순교자의 수가 차기까지 기다리라고 위로하고 계신다.

엘 그레코는 베네치아 화파로서 이 그림에서처럼 길쭉하게 왜곡된 형태, 극적이고 불안정한 색채 표현, 강한 영성을 뿜어 내는 듯한 독창적인 성서화 세계를 이룩하여 많은 이들에게 또다른 사유의 세계를 주었다.

하늘의 변괴와 우주적인 파멸

여섯째 봉인을 떼어 내니 말로 표현하기 어려운 대환난의 절정을 보여 준다. 12세기 포르투갈에서 제작된 로르바요 베아투스Lorvão Beatus에 실린 〈여섯째 봉

〈여섯째 봉인〉, 로르바요 베아투스, 1189, 포르투갈

인〉을 보면 봉인이 열리자 해가 검어지고 달이 붉게 변한 가운데 하늘의 별이 우수수 떨어지고 있다. 그런 무질서 중에도 활을 든 적그리스도는 흰 두루마리를 입은 성도에게 화살을 날려 순교케 하고 있다.

요한계시록에 기록된 대환난의 첫 단계에 일어날 재난은 국제 전쟁, 난리, 기근, 질병, 핍박과 하늘의 이상인 여섯 가지를 보았다. 그러나 이러한 재난은 요한이 환상으로 보고 기록하기 전 예수님께서 평소에 제자들에게 재림 전의 징조에 대해 말씀하신 감람산 강화Discourse on the Mount of Olives와 놀랍게도 일치한다. 감람산 강화는 예수님이 감람산에서 종말의 때에 일어날 징조와 대환난the Great Tribulation 그리고 그리스도의 재림에 관하여 제자들에게 말씀한 예언과 가르침으로서 마태복음 24장, 마가복음 13장, 누가복음 21장에 기록되어 있다.

> 제자들이 예수께 물었다.
> "선생님, 그러면 이런 일들이 언제 있겠습니까? 또 이런 일이 일어나려고 할 때에는 무슨 징조가 있겠습니까?"
> 예수께서 대답하셨다.
> "민족이 일어나 민족을 치고, 나라가 일어나 나라를 칠 것이다. 큰 지진이 나고, 곳곳에 기근과 전염병이 생기고, 무서운 일과 하늘로부터 큰 징조가 나타날 것이다."눅 21:7-11

이 말씀을 '복음서의 소묵시록'이라고 한다. 요한은 주님이 말씀하신 바와 똑같은 말세의 징조를 환상으로 재확인하여 기록한 것이기에 주님 재림 전의 대환난은 의심할 수 없는 사실이다.

선택 받은 십사만 사천 명 요한계시록 7장

요한계시록은 전체적 구성으로 보면 하나의 장편 드라마 같다. 전편과 후편으로 구분되어 있는데 전편은 예수 재림 전의 징조와 재앙이며, 후편은 재림, 천년왕국, 최후심판과 새 하늘 새 땅이다. 전체로 보면 제1막은 땅위의 일곱 교회1－3장, 제2막은 하늘 보좌와 일곱 봉인4－6장, 제3막은 일곱 나팔 재앙8－9장, 제4막은 일곱 대접재앙15－16장, 제5막은 그리스도 재림과 천년왕국19－20장, 제6막은 새 하늘 새 땅과 새 예루살렘21－22장으로 크게 나눌 수 있다.

그와 더불어 요한계시록을 좀더 세부적으로 들어가 보면 전편이나 후편도 아닌 중요한 단계로 넘어가려는 시점에서 세 번의 막간환상을 삽입해 두고 있다.7, 10－14, 17－18장 막간환상interlude이란 연극의 막과 막 사이 또는 그 전후에 공연되는 막간극이라 볼 수 있다. 연극에서는 대체로 전후를 연결하는 대사이거나 긴장을 풀어 주는 코믹한 장면을 연출하기도 한다.

그러나 계시록의 막간환상은 하나님의 진노와 심판 사이에 교회와 성도들을 위로하고 격려하기 위한 성격으로써 중간계시 또는 보충계시라 할 수 있다. 이러한 계시록의 구조를 알고 그림과 함께 읽어야 전후를 이해하는 데 도움이 된다.

〈선택된 144,000명과 바람을 막는 천사들〉, 파쿤도 베아투스, 1047년, 330×230mm, 양피지에 삽화, 마드리드 국립도서관

대환난을 면할 144,000명

첫 번째 막간환상은 일곱 봉인 환난을 겪은 신자들 중에서 다음 단계의 더 무거운 일곱 나팔 재앙을 면할 자가 누구인지를 보여 주고 있다.

> "그 뒤에 나는, 천사 넷이 땅의 네 모퉁이에 서서 땅의 네 바람을 붙잡아서, 땅이나 바다나 모든 나무에 바람이 불지 못하게 막고 있는 것을 보았습니다. 그리고 나는, 다른 천사 하나가 살아 계신 하나님의 도장을 가지고 해 돋는 쪽에서 올라오는 것을 보았습니다. ……내가 들은 바로는 도장이 찍힌 사람의 수가 십사만 사천 명이었습니다."계 7:1-4, 새번역

11세기 파쿤도 베아투스Facundus Beatus에는 〈선택된 144,000명과 바람을 막는 천사들〉이란 유명한 삽화가 있다. 그림 위쪽에 거꾸로 선 한 천사가 어린 양으로부터 도장을 받아 이스라엘 백성 중에서 하나님의 종으로 뽑힌 자들의 이마에 도장을 찍고 있다. 위와 아래 네 모퉁이에는 노랑 옷을 입은 천사가 도장을 찍을 때까지는 바람이 땅주황색이나 바다보라빛나 흔들리는 나무들을 해치지 못하게 바람을 제지하고 있다.

이마에 도장을 받은 자들은 이스라엘 열두 지파에 각각 12,000명씩으로 도합 144,000명이다. 요한이 열거한 12지파의 첫 번째는 유다 지파인데 이는 야곱의 임종 축복 때에 이미 장자로 선언되었으며, 이 지파에서 메시야가 나왔기 때문이다. 특이한 점은 단 지파가 제외되고 대신에 야곱이 축복한 요셉에브라임과 므낫세가 지파로 들어가 있다. 단 지파가 빠진 것은 그 지파는 우상숭배를 시작하고 적그리스도가 나올 지파로 성경 여러 군데에 기록되었기 때문이라는 학설이 참고가 될 만하다. 우상숭배와 적그리스도 편에 선 자는 하나님의 종이 될 수 없기 때문이다.

"이스라엘 12지파의 백성을 144,000$^{12\times 12,000}$"으로 해석함에 있어서 4와 7과 12는 계시록에서 완전성의 상징으로 쓰였다는 사실을 먼저 이해하여야 한다. 새 예루살렘성의 크기는 12,000스타디온이고, 성곽은 144$^{12\times 12}$규빗이며, 생명나무에는 열두 실과를 맺는다[계 21:15-17]. 그러므로 144,000은 문자적인 수가 아닌 상징적인 수이다. 또한 신약에는 그리스도인이 참이스라엘인이며, 흰옷을 입은 무리가 그 수효를 셀 수 없을 만큼 많다고 기록되어 있으므로 144,000은 선택받은 사람이 매우 많음을 의미한다. 위의 삽화에서도 다른 대부분의 묵시록 삽화에서와 같이 도장 맞은 자의 수를 완전수인 7로 표현하여 윗줄 양쪽에는 7인씩 배치하고, 아래 칸에는 8명과 9명으로 그렸는데 이도 역시 많은 수라는 의미이다.

교회역사에서는 성경에 명시된 '선택된 144,000명'을 7년 대환난 중에 구원받은 유대인으로 보는 등 여러 학설들이 난무했었다. 오늘날까지도 우리나라를 비롯한 세계 도처에서 이단의 무리들이 자기들만 구원 받는다는 근거로 악용하고 있다. 그러므로 우리는 경각심을 가지고 올바르게 성경을 해석해야 할 것이다.

선택된 성도들이 누리는 영화

여섯 봉인을 뗄 때마다 보여 준 말세의 징조는 교회와 성도들에게도 너무나 힘든 환난이다. 하물며 제2단계의 나팔재앙과 제3단계의 대접재앙은 더 무서운 재앙이다. 교회와 성도들을 불쌍히 여기시는 자비로우신 하나님은 나팔재앙으로 넘어가기 전에 막간환상을 통해 하나님의 종들에게는 이마에 도장을 찍어서 대환난을 면하게 하고 영화로움을 주시겠다고 약속하셨다.

"그 뒤에 내가 보니, 아무도 그 수를 셀 수 없을 만큼 큰 무리가 있었습니다. 그들은 모든 민족과 종족과 백성과 언어에서 나온 사람들인데, 흰 두루마기를 입고, 종려나무 가지를 손에 들고, 보좌 앞과 어린 양 앞에 서 있었습니다."계 7:9, 새번역

〈이마에 도장 맞은 선민들의 어린 양에 대한 경배〉, 우엘가스묵시록, 베아투스 리에바나, 스페인, 1220. 모건 도서관, 뉴욕

13세기 스페인의 우엘가스묵시록Las Huelgas Apocalypse의 삽화를 보면 십자가를 진 어린 양은 배경에 초록색 십자가 장식 앞에 전신후광을 받으며 서 있다. 그 위에는 네 천사가 찬양하며 아래 부분에는 네 생물이 영광을 드리고 있다. 그리고 상단과 하단에는 선택된 성도들이 금색과 은색의 후광을 드리우고 있는 영광된 모습이며, 종려나무가지를 들고 승리의 찬가를 부르고 있다. 각각 7인을 그렸는데 7은 완전수이므로 능히 셀 수 없는 큰 무리를 나타낸다. 좌우 여섯 칸에 서 있는 자들은 이스라엘 열두 지파를 상징한다.

요한계시록은 선택받은 자들이 궁극적으로 천국에서 누릴 영화에 대해 이렇게 미리 보여 주고 있다.

> "그들이 다시는 주리지도 아니하며 목마르지도 아니하고 해나 아무 뜨거운 기운에 상하지도 아니하리니 이는 보좌 가운데에 계신 어린 양이 그들의 목자가 되사 생명수 샘으로 인도하시고 하나님께서 그들의 눈에서 모든 눈물을 씻어 주실 것임이라"계 7:16-17

마르티누스(필경 : 페트루스), 〈선택된 144,000명〉, 오스마 베아투스, 1086, 부르고데오스마 대성당 기록보관소, 스페인

11세기 스페인에서 제작된 오스마 베아투스의 〈선택된 144,000명〉에서는 수를 헤아릴 수 없이 많은 선택된 신자들이 시온산 위의 어린 양이 목자가 되어 생명수 샘터로 인도하심을 감사하며 보좌 주위에 둘러서 있고, 그 아래에는 종려나무가지를 들고 승리의 찬가를 부르고 있다.

초대교회 시절은 물론이고 현대에 사는 우리도 주림과 목마름과 눈물로 힘겨운 삶을 살고 있다. 오늘날 우리는 선택된 자들이 누리는 복을 기록한 이 구절이 있기 때문에 계시록을 읽으며, 소망 속에서 위로를 받고 새로운 삶을 다짐하며 살아가는 것이다.

제3부
하늘에서 들려오는 나팔소리

땅과 바다와 하늘의 재앙 요한계시록 8장

침묵의 반시간, 폭풍 전야의 고요함

사도 요한은 밧모섬에서 숨을 죽이며 세상 마지막 날의 여섯 가지 징조들을 보며 두려운 마음이 들었지만 이내 평화로운 광경이 눈에 들어왔다. 144,000명이 이마에 도장을 받고 더 이상의 대환난을 면하겠다는 어린 양의 약속을 들은 요한은 '아! 다행이다.' 하며 그들이 부르는 감사의 합창을 따라 하고 있었다. 이러한 행복한 순간에 잠겨 있던 요한은 하늘이 얼마 동안 정적에 싸이니 또다시 불안한 마음이 들었다. 폭풍 전야의 고요함! 그는 다시 마음을 가다듬고 하늘 보좌를 보더니 나팔을 든 일곱 천사에 둘러싸인 하나님이 일곱째 봉인을 떼는 모습이 보였다. '무슨 일일까?' 가슴을 조이며 다음과 같이 기록하였다.

"그 어린 양이 일곱째 봉인을 뗄 때에, 하늘은 약 반 시간 동안 고요하였습니다. 그리고 나는 하나님 앞에 서 있는 일곱 천사를 보았습니다. 그들은 나팔을 하나씩 받아 가지고 있었습니다. 또 다른 천사가 와서, 금향로를 들고 제단에 섰습니다. 그는 모든 성도의 기도에 향을 더해서 보좌 앞 금제단에 드리려고 많은 향을 받았습니다.……그 뒤에 그 천사가 향로를 가져다가, 거기에 제단 불을 가득 채워서 땅에 던지니 천둥과 요란한 소리와 번개와 지진이 일어났습니다."계 8:1-5

〈트럼펫을 든 일곱 천사의 출현〉, 우엘가스묵시록, 베아투스 리에바나 사본, 스페인, 1220, 모건도서관, 뉴욕

12세기 스페인에서 제작된 우엘가스묵시록Las Huelgas Apocalypse의 전면도판 삽화인 〈트럼펫을 든 일곱 천사의 출현〉은 큰 아몬드 모양의 파란 후광 가운데 하나님이 옥좌에 앉아 계신다. 이는 일곱 나팔 재앙의 시작을 알리는 일곱 번째 봉인을 떼는 장면의 그림이다. 일곱 천사가 나팔을 들고 하나님 앞에 줄을 서 있다. 그리고 황금 제단 위에 서 있는 천사는 금향로에 성도의 기도를 채우고 단 위의 불을 담아다가 땅 위에 막 쏟고 있다. 이 순간 번개와 우뢰소리가 요란한 가운데 온 땅에 큰 지진이 일어나고 있다.

땅과 바다의 생물 삼 분의 일이 죽다

천사가 금향로를 땅 위에 쏟아 부으니 첫째 천사가 나팔을 분다. 드디어 2단

〈불과 피가 섞인 비〉, 생 세베르 베아투스, 생 세베르사원, 프랑스, 11세기, 프랑스국립도서관, 파리

계 재앙이 시작된다.

11세기 프랑스의 로마네스크 양식의 채색 삽화로 유명한 생 세베르 베아투스St. Sever Beatus에는 첫째 나팔이 불 때의 장면을 표현한 〈불과 피가 섞인 비〉가 있다. 이 그림에서 보듯 첫째 천사가 나팔을 부니 우박과 불덩어리가 피범벅이 되어서 땅에 떨어져 땅과 나무의 삼 분의 일이 탔으며 푸른 풀이 모두 다 타 버리는 재앙이 발생하였다.

다음은 바다 차례였다

"둘째 천사가 나팔을 부니, 불타는 큰 산과 같은 것이 바다에 던져졌습니다.

그래서 바다의 삼분의 일이 피가 되고, 바다에 사는, 생명이 있는 피조물들의 삼분의 일이 죽고, 배들의 삼분의 일이 부서졌습니다."계 8:8-9, 새번역

1047년 스페인에서 리에바나 베아투스의 요한묵시록 주해서에서 그림을 추가하여 필사한 파쿤도 베아투스를 보면 요한계시록의 말씀과 함께 수록된 삽화 〈두 번째 나팔〉은 참으로 아름답다. 불타는 채색과 간결한 선으로 구성된 디자인 그리고 매듭 문양의 테두리 등의 표현양식은 당시 이베리아반도를 점령한 이슬람의 장식적 주제와 형태에 동화한 '모사라베 미술'Mozarabic art의 극치를 보여 주고 있다.

삽화를 보면 두 번째 천사가 붉은 색 나팔을 불자 큰 산이 불타 이글거리며 바다로 떨어지고 있다. 선박이 침몰하고 바다는 피로 붉게 물들어 있으며, 그 밑에는 물에 뜬 시체와 바다 생물 삼 분의 일도 물 속에 떠다니는 재앙을 보여 준다. 이 재앙은 모세가 인도한 출애굽기에서 이집트에 내린 열 재앙 중 나일강이 피로 물든 재앙과 흡사하며, AD 79년 나폴리만 부근에 있는 베스비우스 화산이 대분화를 일으켜 그 기슭에 있던 폼페이 등의 도시들을 삼켜버린 역사적 대참사를 연상케 한다.

오염된 강과 빛을 잃은 하늘

"셋째 천사가 나팔을 부니, 큰 별 하나가 횃불처럼 타면서 하늘에서 떨어져서, 강들의 삼분의 일과 샘물들 위에 덮쳤습니다."계 8:10, 새번역

'횃불처럼 타면서 떨어진 별'은 독을 품은 별로서 오염된 물을 먹고 죽는 사람이 많아 지게 되는 지구환경을 상상하게 하는 말씀이다.

〈두 번째 나팔〉, 파쿤도 베아투스, 1047, 양피지에 채식, 마드리드국립도서관.

〈해와 달과 별을 어둡게 하는 넷째 나팔〉, 파쿤도 베아투스, 1047, 양피지에 처식,
195×180mm, 마드리드 국립도서관

넷째 나팔은 하늘의 파멸적 재앙을 가져온다. 11세기 스페인의 파쿤도 베아투스Facundus Beatus의 삽화인 〈해와 달과 별을 어둡게 하는 넷째 나팔〉은 이러한 모습을 간결하게 묘사하였다. 넷째 천사가 나팔을 부니 나팔 끝쪽 하늘의 둥근 태양과 달이 이지러져 낮과 밤의 삼 분의 일이 어두컴컴하고, 별들의 삼 분의 일이 타격을 받아 빛을 잃게 되는 것을 보여 준다. 이 넷째 재앙은 지구과학자들이 걱정하는 행성충돌과 스모그로 캄캄해진 도시를 연상케 한다. 넷째 천사 앞의 독수리는 연극 무대의 가림막 앞에서 촌극을 하는 것과 같이 관객들에게 "독수리의 경고 이야기"를 들려준다.

> "그리고 내가 보고 들으니, 날아가는 독수리 한 마리가 하늘 한가운데로 날면서, 큰 소리로 외쳤습니다. "화가 있다. 화가 있다. 땅 위에 사는 사람들에게 화가 있다. 아직도 세 천사가 불어야 할 나팔 소리가 남아 있다."계 8:13, 새번역

10세기에 스페인에서 제작된 에스코리알 베아투스 묵시록주해서 사본의 삽화인 〈넷째 천사가 나팔을 부니〉에서는 나팔을 부는 천사와 경고하는 독수리를 강조하고 있다. 독수리의 경고는 앞으로 남은 세 차례의 재앙은 이전의 네 차례의 재앙과는 달리 인간에게 직접적인 고통을 가하는 재앙이라는 것이다. 이는 심판의 대상이 단순히 하나님을 믿지 않는 이들을 넘어 피조세계 전체로 확장되는 것을 볼 수 있다.

〈넷째 천사가 나팔을 부니〉, 에스코리알 베아투스, 950-955년경, 양피지에 채식, 에스코리알왕립도서관, 상 로렌조, 스페인

땅 위에 사는 자들은 화를 당하리라 요한계시록 9장

무저갱에서 터져 나온 황충들 첫째 화禍

"다섯째 천사가 나팔을 불었습니다. 내가 보니 하늘에서 땅에 떨어진 별이 하나 있는데, 그 별은 아비소스를 여는 열쇠를 받았습니다. 그 별이 아비소스를 여니, 거기에는 큰 용광로의 연기와 같은 연기가 올라왔습니다. 그래서 해와 하늘이 그 구덩이에서 나온 연기 때문에 어두워졌습니다." 계 9:1-2, 새번역

파쿤도 베아투스Facundus Beatus 묵시록주해서 사본에 실린 〈다섯째 나팔〉에는 노랑색 긴 나팔을 든 천사가 다섯째 나팔이 불 때에 큰 별이 떨어져 구덩이를 열자 뜨거운 연기가 폭발하여 하늘을 어둡게 하고 있다. 그리고 구덩이에서 가공할 만한 노랑색 메뚜기황충 떼가 올라와 사막을 기어 다니는 독충인 전갈의 꼬리와 흡사한 긴 꼬리로 사람을 해하고 있다. 그러나 출애굽 당시 메뚜기 재앙 때에 이스라엘 백성을 제외한 것같이 이번에도 하나님의 도장이 이마에 찍히지 않은 불신자만을 해하고 있다.

붉게 불타는 그림 아래쪽에는 떨어진 큰 별인 타락한 천사가 보이는데 그는 무저갱을 맡아 다스리는 천사장인 '우리엘'이라고 한다. 깊은 땅속 구덩이란 뜻의 무저갱은 최후의 심판 때까지 무저갱의 사자인 아바돈을 비롯하여 그를 따르는 악한 세력들이 거처하는 곳이라 볼 수 있다.

〈다섯째 나팔〉, 파쿤도 베아투스, 1047, 양피지에 채식, 195×180mm, 마드리드국립도서관

유프라테스에서 기마병 전투둘째 화

여섯째 천사가 나팔을 불면서 두 번째 큰 화를 입는 재앙이 일어났다. 큰 강인 유프라테스 강가에 결박돼 있던 네 천사를 풀어 놓으니 그들이 많은 기병대를 동원하여 쳐들어왔다.

> "내가 들은 바로는 그 천사들이 거느린 기마대의 수는 이억이나 된다는 것입니다. 나는 이러한 환상 가운데서 말들과 그 위에 탄 사람들을 보았는데, 사람들은 홍색과 청색과 유황색 가슴막이를 둘렀고, 말들은 머리가 사자의 머리와 같으며, 입에서는 불과 연기와 유황을 내뿜고 있었습니다. 그 입에서 나오는 불과 연기와 유황, 이 세 가지 재앙으로 사람의 삼분의 일이 죽임을 당하였습니다. 그 말들의 힘은 입과 꼬리에 있는데, 꼬리는 뱀과 같고, 또 꼬리에 머리가 달려 있어서, 그 머리로 사람을 해쳤습니다."계 9:16-19, 새번역

라일랜드 베아투스Rylands Beatus에 수록된 〈사자 머리 같은 말을 탄 기병대〉에는 네 가지 색깔의 사자같이 생긴 말과 그 꼬리는 모두 뱀의 머리가 되어서 큰 입으로 불신자를 해친다. 그 결과 불신자의 삼 분의 일이 죽어 시체가 쌓인 대참사를 보여 준다.

기병대 수가 2만 만이라는 것은 2억 명을 말하는데 이는 헤아릴 수 없이 많음을 상징한다. 유프라테스 강은 바벨론 평야를 흐르는 긴 강으로 예로부터 앗수르와 바벨론 같은 침략자가 일어났던 강이다. 로마제국은 AD 62년 이 강 유역에서 일어난 파르티아 기병대와의 전투에서 패배하여 두려워하던 지역으로 여섯째 나팔에 나타난 기병대가 파르티아 기병대라고 해석하는 입장도 있다. 또한 인간을 멸망의 길로 만드는 강력한 사탄의 세력과 환경으로

보기도 한다. 말씀에 묘사된 말들이 내뿜는 불과 연기와 유황은 상상컨대 소돔과 고모라의 멸망과 같은 형태이며, 현대전의 무서운 핵병기들을 연상시킨다.

〈사자 머리 같은 말을 탄 기병대〉, 라일랜드 베아투스, 카스티예(부루고스), 1175년경, 존 라일랜드도서관, 맨체스터, 영국

〈일곱째 나팔이 불 때〉, 밤베르크묵시록, 1000－1020, 라이헤나우 수도원(콘즈탄츠호), 밤베르크 주립도서관, 독일

지진과 우박이 쏟아지다 셋째 화

밤베르크묵시록Bamberg Apocalypse의 〈일곱째 나팔이 불 때〉에는 24장로가 그리스도의 승리와 심판에 대한 찬미를 하는 모습을 사도 요한이 바라보며, 그 장면을 기록하고 있다. 하늘에 번개가 치고 요란한 소리가 들리고 천둥과 지진이 일어나고 큰 우박이 쏟아지는 것을 요한이 기록한 것을 미루어 보면 장차 지상에 더 큰 화가 임할 것을 예견하게 한다. 그러나 하늘에 있는 성전이 열리며 언약궤계약의 궤를 보여 주신 것은 하나님의 진노 속에서도 그 백성에게는 자비와 상급을 약속하고 있다.

7년 대환난 요한계시록 10－11장

작은 두루마리 책에 담긴 비밀

"하늘에서 나서 내게 들리던 음성이 또 내게 말하여 이르되 네가 가서 바다와 땅을 밟고 서 있는 천사의 손에 펴 놓인 두루마리를 가지라 하기로 내가 천사에게 나아가 작은 두루마리를 달라 한즉 천사가 이르되 갖다 먹어 버리라"

계 10 : 8－9상

말씀에 의하면 요한은 다시 하늘로부터 외치는 음성을 듣고 천사로부터 작은 책을 받아 왔다. 밤베르크묵시록의 삽화인 〈책과 자를 받는 요한〉에는 요한계시록 10장에 기록된 사도 요한이 힘센 천사로부터 작은 두루마리 책과 막대로 된 자를 받는 막간환상이 나타난다. 요한은 작은 책의 인봉을 풀

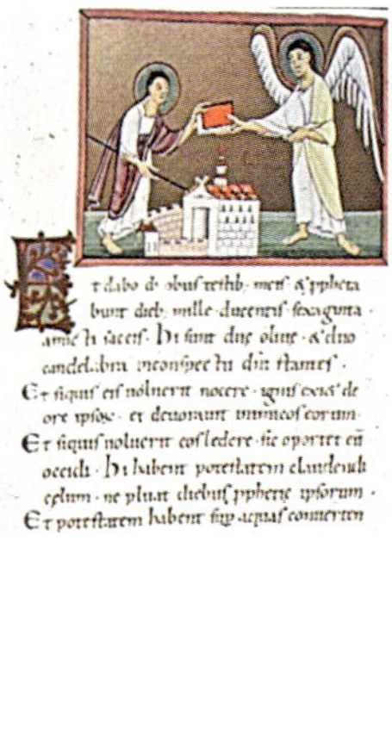

〈책과 자를 받는 요한〉, 밤베르크묵시록, 라이헤나우 수도원(콘즈탄츠호), 1000－1020, 밤베르크 주립도서관, 독일

고 기록하려 하자 천사가 이 책은 비밀에 붙여 두고 기록하지 말고 삼켜 버리라고 지시한다.

"나는 그 천사의 손에서 그 작은 두루마리를 받아서 삼켰습니다. 그것이 내 입에는 꿀같이 달았으나, 먹고 나니, 뱃속은 쓰라렸습니다."계 10:10, 새번역

요한은 작은 책을 펴 보지도 못하고 삼켜 버림으로써 그 내용이 무엇인가에 대해서는 비밀이 되었다. 그러나 이 작은 책을 삼킨 후 천사가 요한에게 말하기를 "그때에 '너는 여러 백성과 민족과 언어와 왕들에 관해서 다시 예언을 하여야 한다' 하는 음성이 내게 들려왔습니다."계 10:11, 새번역는 말로 10장을 마치고 있다. 에스겔도 두루마리를 먹은 후 이스라엘 족속에게 예언하라는 명령을 받은 것과 동일하다.겔 3:4-6

결국 작은 책은 하나님의 말씀이고 그 말씀을 예언할 사자로 선택된다는 의미에서 입에는 달고 좋아할 일이나, 이 메시지의 내용이 아프고 괴로워할 것이라는 점에서 교회의 대환난the Great Tribulation을 예언한 것이다.

대환난 예언의 성서적 뒷받침

세상 끝날에 일어날 대환난은 요한계시록 이전에 구약의 묵시인 다니엘서와 신약의 복음서에도 기록된 예언이다.

데이빗 로벗츠의 유화인 〈예루살렘성의 포위와 파멸〉은 AD 70년에 로마의 티투스 장군의 지휘로 예루살렘성을 포위하고 불태우는 장면을 묘사하고 있다. 다니엘서에도 예루살렘성의 멸망과 재건에 관한 예언이 있다. 박해자가 성도를 박해하는 기간으로 '한 때와 두 때와 반 때'단 7:25 그리고 메시야의

죽음과 예루살렘성의 멸망을 예언한 '칠십 이레, 일곱 이레'단 9:24-27 등 대환난을 예언하였으며, 이는 요한계시록의 대환난의 배경이 된다. 복음서의 '감람산 강화'에서도 예수님이 제자들에게 예루살렘성이 "돌 하나도 돌 위에 남지 않고 다 무너뜨리우리라"마 24:21고 예언하였다. 대환난에the Great Tribulation 대하여도 "그러므로 너희가 선지자 다니엘이 말한 바 멸망의 가증한 것이 거룩한 곳에 선 것을 보거든 읽는 자는 깨달을진저 그때에 유대에 있는 자들은 산으로 도망할지어다 이는 그때에 큰 환난이 있겠음이라 창세로부터 지금까지 이런 환난이 없었고 후에도 없으리라"마 24:15-16, 21고 예언하셨다.

데이빗 로벗츠, 〈예루살렘성의 포위와 파멸〉, 캔버스에 유채, 1850

〈구름에 싸여 있는 천사와 하나님의 성전을 측량하는 요한〉, 파쿤도 베아투스, 1047. 양피지에 채식, 195×180mm, 마드리드국립도서관

성전 측량과 마흔두 달 짓밟힐 교회

요한계시록 11장은 요한이 하나님의 성전과 제단을 측량하는 막간환상으로부터 시작된다.

> "일어서서 하나님의 성전과 제단을 측량하고 성전에서 예배하는 사람들을 세어라. 그러나 성전의 바깥 뜰은 측량하지 말고, 내버려 두어라. 그것은 이방 사람들에게 내주었기 때문이다. 그들이 그 거룩한 도성을 마흔 두 달 동안 짓밟을 것이다."[계 11 : 1하-2, 새번역]

11세기 스페인에서 제작된 파쿤도 베아투스묵시록 주해서 사본에 첨가된 삽화로 〈구름에 싸여 있는 천사와 하나님의 성전을 측량하는 요한〉은 상하 두 칸으로 되어 있다. 위쪽 우편에는 구름에 싸인 천사로부터 요한이 펴 보지도 못한 작은 책을 받고 있으며, 좌측에는 천사로부터 측량에 필요한 갈대로 된 자를 받고 있다. 그리고 아래 부분은 요한이 그 긴 자를 들고 성전과 제단을 측량하고 있다. 성전에서 예배하는 자의 수를 삽화에서는 좌우에 각각 7명을 그려 그 수가 많음을 나타내고 있다. 성전, 제단, 경배자는 모두 성도들을 상징한다고 볼 수 있다. 신약에 이르러 예수 그리스도의 완전한 희생제사로 더 이상 물리적 성전의 중요성은 사라졌다[히 10장]. 이제 그리스도인이 주 안에서 하나님의 성전이다[고전 3:16, 고후 6:16, 엡 2:21].

경배자들을 측량한다는 것은 무엇일까? 키를 내고 몸무게를 저울에 달아보는 것일까? 성경에서 측량은 의로움을 살피는 것을 말한다. 측량하여 의가 증명된 자는 보호를 받을 것이며[렘 31:38-40] 측량으로 불의가 드러난다면 그는 심판을 받을 것이다[왕하 21:13]. 본 장의 2절에서 성전 바깥 마당, 이방인들이 측량에서 제외되는 것은 이를 뒷받침해 준다.

이방인들이 거룩한 도성을 짓밟는 기간이 마흔두 달 동안이라고 한다. 42개월은 3년 반이다. 계시록 11장에는 3년 반을 의미하는 숫자로서 마흔두 달, 3일 반, 1,260일, 한 때와 두 때와 반 때 등의 숫자는 하나님의 사람이 고난을 받는 시기를 상징한다. 이에 대해 역사적 전천년설에서는 박해가 약한 '전 3년 반'과 박해가 심한 '후 3년 반'의 구분이 생겨났으며, 이 둘을 합하여 이른바 '7년 대환난설'을 주장하기도 한다. 7년 대환난설은 세대주의적 전천년설과 역사주의적 전천년설이 차이가 있기도 하지만 그리스도가 재림하시기 전 성도들이 겪게 될 7년의 극심한 박해의 시기를 말하는 것이다.

얀 뤼켄, 〈하나는 밭에서 휴거되다〉, 에칭, 보우에 성서, 볼튼, 잉글랜드, 1795

1795년 잉글랜드에서 제작된 보우에 성서에는 암스텔담의 작가인 얀 뤼켄의 에칭인 〈하나는 밭에서 휴거되다〉라는 제목의 판화가 있다. 이 그림은 예수님이 감람산에서 종말의 때에 일어날 징조와 대환난 그리고 그리스도의 재림에 관해 제자들에게 말씀한 유명한 〈감람산 강화〉로서 대환난 후 주님의 재림을 예언하시면서 "그때에 두 사람이 밭에 있으매 한 사람은 데려가고 한 사람은 버려둠을 당할 것이요"마 24:40라는 성도의 휴거를 표현한 3편의 연작판화 중 하나이다. 천사가 밭에서 한 사람만 손을 잡고 하늘로 공중 들림, 즉 휴거하고 있다. 감람산 강화는 복음서의 소묵시록으로서 마태복음 24장, 마가복음 13장, 누가복음 21장에 기록되어 있다.

세계 신학자들의 오랜 논의들을 이야기하며 성경 해석의 관점에서 어느 학설이 정론이고 다른 학설은 배척하려는 것이 아니다. 역사적으로 확립된 이론을 객관적으로 쉽게 설명한 책도 있지만, 더러는 판이한 해석으로 세상을 어지럽히는 이들이 있기에 요한계시록을 더욱 난해한 말씀으로 오도하는 일은 경계해야 할 것이다.

7년 대환난을 논하면서 우리가 기억해야 할 중요한 것은 다니엘도 언급한 '그때까지 없었던 환난'12:1은 대환난이 임박한 시점의 어두움이었다. 요한은 요한계시록을 쓰며 그와 그의 교회가 이미 이 마지막의 끔찍한 시간에 들어섰다고 생각했다. 그리하여 그가 성경으로부터 추론한 1,260일은 불확실한 예언이 아니라 어둠 앞에 있는 우리를 향한 격려였음을 잊지 말아야 할 것이다. "너의 믿음을 굳게 지켜라. 환난은 오래 지속되지 않을 것이다!"[1]

---

1. 「현대성서주석, 요한계시록」, p. 210.

두 증인의 죽음과 영화로운 휴거 요한계시록 11장

7년 대환난의 서곡을 보여 주시던 하나님은 다시금 요한에게 성전 측량을 하라고 명하신다. 그리고 하나님은 이방인이 교회를 핍박하는 환상을 보여 주며 두 증인을 세워 예언하게 하겠다고 약속한다. 이제 7년 대환난의 절정을 향해 가며 암호 같은 숫자가 연속적으로 등장한다.

두 증인과 1,260일 동안의 예언

""나는 내 두 증인에게 예언하는 능력을 줄 것이다. 그들은 천이백육십 일 동안 상복을 입고 예언할 것이다." 그들은 이 세상을 다스리시는 주님 앞에 서 있는 올리브나무 두 그루요, 촛대 두 개입니다."계 11:3-4, 새번역

10세기에 스페인에서 제작된 헤로나 베아투스 사본에 실린 〈두 증인〉에서는 모세와 엘리야 양쪽에 올리브나무 두 그루가 서 있고, 두 증인 좌우에 세워진 촛대 위에 연결된 올리브나무 잎이 핀 둥근 촛대 위에는 등불 두 개가 달려 밝게 빛나고 있다. 두 증인은 모세와 엘리야를 가리킨다. 삽화에서도 그 이름이 적혀 있다. 요한은 이 두 증인을 '두 감람나무올리브나무와 두 촛대'라고 부연 설명하고 있다. 두 감람나무는 스가랴서에서 당시 대제사장 여호수아와 유다 총독 스룹바벨을 가리키는 것이었다. 따라서 요한이 두 증인을 두 감람나무와 두 촛대로 언급하고 있는 것은 선지자적모세, 엘리야 기능을 가진 교회

〈두 증인〉, 헤로나 베아투스 사본, 리에바나 베아투스의 묵시록주해서, 975년경, 양피지, 36×23cm, 헤로나성당박물관, 카탈로니아, 스페인

가 왕적스룹바벨, 제사장적여호수아 기능도 가지고 있기 때문이다.

그런데 두 증인이 하는 일은 상복을 입고 '1,260일 동안 예언할 것'이라고 기록하고 있다. 이 시기에 교회는 성도들의 회개를 촉구하고 격려하는 예언을 해야 한다는 내용이다. 이때 입는 굵은 베옷은 회개할 때 입는 상복이었다. 이 그림 또한 주제는 기독교적이고 표현양식은 이슬람의 형태를 지닌 모사라베 미술Mozarabic art 양식으로 중세 묵시록 삽화 중에서는 가장 귀중한 대접을 받는 그림이다.

무저갱의 짐승과 증인의 죽음

증인이 예언을 끝내면 깊은 구렁무저갱으로부터 짐승이 올라와서 증인을 죽이는 가공할 만한 대환난이 시작된다.

> "그들이 그 증언을 마칠 때에 무저갱으로부터 올라오는 짐승이 그들과 더불어 전쟁을 일으켜 그들을 이기고 그들을 죽일 터인즉 그들의 시체가 큰 성 길에 있으리니 그 성은 영적으로 하면 소돔이라고도 하고 애굽이라고도 하니 곧 그들의 주께서 십자가에 못 박히신 곳이라 백성들과 족속과 방언과 나라 중에서 사람들이 그 시체를 사흘 반 동안을 보며 무덤에 장사하지 못하게 하리로다"계 11:7-9

밤베르그묵시록에는 〈선지자들과 무저갱에서 올라온 짐승〉이란 세밀화가 있다. 위 칸에는 두 증인이 예언하고 있으며 그 증언이 끝나자 무저갱으로부터 짐승이 올라와 아래 칸에서 짐승이 입에서 피를 쏟으며 두 증인을 죽이고 있다. 짐승은 교회를 파괴하고 성도들이 순교해도 그 시체를 사흘 반 동안 구

〈선지자들과 무저갱에서 올라온 짐승〉, 밤베르크묵시록, 세밀화, 라이헤나우 수도원(콘즈탄츠 호), 1000－1020, 밤베르크 주립도서관, 독일

경하는 모욕을 당한다는 것이다.

사흘 반 후 증인의 부활과 휴거

"그러나 사흘 반이 지난 뒤에, 하나님께서 생명의 기운이 나오서 그들 속으로 들어가니, 그들이 제 발로 일어섰습니다. 그것을 목격한 사람들은 큰 두려움에 사로잡혔습니다. 그 두 예언자가, 하늘로부터 자기들에게로 "이리로 올

〈두 증인이 하늘로 올라감〉, 클로이스터스묵시록, 1330년경, 노르망디, 프랑스, 양피지에 금은 브라운 채색, 클로이스터스 (메트로폴리탄 분원), 30.8×22.9cm, 뉴욕

라 오너라" 하는 큰소리가 울려오는 것을 듣고, 구름을 타고 하늘로 올라가니, 그들의 원수들이 그것을 지켜 보았습니다."계 11:12, 새번역

클로이스터스묵시록에 있는 〈두 증인이 하늘로 올라감〉이란 삽화를 보면 두 증인이 부활하여 구름을 타고 하늘로 올라가고 있다. 여러 성도들은 두 손을 모으고 기도하는 모습인데 일부는 그동안 두 증인과의 결투에서 이기던 짐승들과 즐기던 벌거벗은 생활을 잊지 못하고 뒤를 돌아보는 불신자들도 보인다.

마지막 때를 살아가는 우리들에게 신실한 하나님의 약속이 기다리고 있다. 핍박과 고통의 끝에는 교회의 승리와 에스겔서의 말씀처럼 마른 뼈가 살아나는 것과 같은 생동력 있는 영생을 약속하셨다. 우리도 거짓된 가르침과 논리에 미혹되어 이 세상을 벗하며 살았던 우리의 삶을 돌아보고 세속의 골짜기를 박차고 일어나야 할 때이다.

작가미상, 모세 초상(부분), 이콘, 13세기, 성 카타리나수도원, 이집트

메시야 탄생에 저항하는 사탄들 요한계시록 12장

11장에서 교회를 박해하는 주범은 사탄용과 그 하수인인 마귀짐승라고 언급하고 있는데 12~13장은 막간환상의 연속으로써 용과 짐승들이 무엇 때문에 교회를 핍박하며, 또한 어떤 방법으로 핍박하는지를 보다 자세하게 근원적인 원인을 일곱 환상으로 요한에게 보여 주고 있다. 그러므로 여기서도 대환난을 의미하는 숫자들이 여러 번 등장한다.

이러한 점입가경인 계시록 구조를 이해하고 나면 어려운 일곱 환상들도 오히려 재미있게 읽을 수 있으며, 천년이 지난 그 옛날 중세시대에 한평생 필사본 성경과 기도서를 만들던 깊은 신앙심과 성경에 이름도 남아 있지 않은 수도원 필경사와 화가들이 묵시록 사본에 그려 넣은 삽화를 자세히 뜯어보면 감탄을 금할 수 없게 된다.

메시야 탄생을 저지하려는 사탄

"그리고 하늘에 큰 표징이 나타났는데, 한 여자가 해를 둘러 걸치고, 달을 그 발 밑에 밟고, 열두 별이 박힌 면류관을 머리에 쓰고 있었습니다. 이 여자는 아이를 배고 있었는데, 해산의 진통과 괴로움으로 울고 있었습니다. 또 다른 표징이 하늘에서 나타났습니다. 머리 일곱 개와 뿔 열 개가 달린 커다란 붉은 용 한 마리가 있는데, 그 머리에는 왕관을 일곱 개 쓰고 있었습니다. …… 그 용은 막 해산하려고 하는 그 여자 앞에 서서, 그 여자가 아기를 낳기만 하면 삼켜 버리려고 노리고 있었습니다."계 12:1-4, 새번역

〈여인과 용〉, 파쿤도 베아투스, 1047, 양피지에 채식, 마드리드국립도서관

11세기에 페르디난드1세와 산차왕비를 위해 제작된 파쿤다 베아투스의 삽화인 〈여인과 용〉를 보면 강렬한 충격과 죽음을 예견하는 듯 종말론에 휩싸인 유럽의 모습을 볼 수 있다.

삽화에서 보면 해처럼 빛나는 여인인 예수의 어머니 마리아가 상부 좌측에 서 있다. 마리아는 교회를 상징한다. 머리에는 면류관을 썼는데 그 위에 열두 별이 반짝인다. 그 발아래에는 달이 있다. 달은 세상을 뜻하므로 교회[여인]는 세상[달] 위에 있는 지배력을 가리킨다. 여인은 아기를 배어 해산의 고통 속에 있다. 메시야를 품은 여인의 배가 거대한 태양 빛으로 빛나고 있다. 여인의 앞에는 큰 붉은 용이 버티고 서서 해산을 방해하고 아기를 빼앗으려고 한다. 용은 머리가 일곱이요, 뿔이 열 개다.

1400년경에 제작된 플랑드르묵시록에 〈분만 중의 여인이 아기 예수를 천사에게 전함〉이란 삽화가 있다. 이 그림 상부의 여인은 해산하려는 마리아이며, 해산 후 아기 예수를 옥좌에 계신 하나님께 맡기고 있다. 여인의 머리 위에는 12개의 별과 태양이, 발 아래에는 달이 있다. 달은 교회가 있는 세상이다. 마리아 앞에는 붉은 용[사탄]이 버티고 서 있고, 여인은 천사의 호위를 받으며 숲이 무성한 광야로 도피하고 있다.

작가미상 플랑드르인, 〈분만 중의 여인이 아기 예수를 천사에게 전함〉, 플랑드르 묵시록, 1400년경. 프랑스국립도서관, 파리

프라 바르톨로메오, 이집트 피난길의 휴식, 1500년경, 피엔차, 이탈리아

마르티누스(필경:페트루스), 〈계시록 12장의 여인과 용〉, 오스마 베아투스, 1086, 부르고데오스마 대성당 기록보관소, 스페인

광야에서의 피난살이

"그 여자가 광야로 도망하매 거기서 천이백육십 일 동안 그를 양육하기 위하여 하나님께서 예비하신 곳이 있더라 그 여자가 큰 독수리의 두 날개를 받아 광야 자기 곳으로 날아가 거기서 그 뱀의 낯을 피하여 한 때와 두 때와 반 때를 양육 받으매"계 12:6, 14

아기를 맡긴 후 그 여인은 하나님이 1,260일 동안 먹여 살리시려고 마련한 광야로 도망을 쳤는데 이는 요셉과 마리아가 아기 예수를 헤롯 왕으로부터 보호하기 위해 이집트로 피난간 일을 연상시킨다. 여기서 다시 용사탄이 아이그리스도를 낳은 여인을 핍박하는 '한 때와 두 때와 반 때'a time, times, and half a time라는 용어가 등장했는데 어려운 암호 같은 이 두 숫자는 모두 교회가 극렬한 박해를 받는 기간을 상징한다.

유럽에서는 종말론의 그림자로 뒤숭숭하던 1086년경에 스페인의 오스마 대성당에서 베아투스 리에바나의 요한묵시록주해서를 필사하면서 삽화를 첨가한 성서가 오스마 베아투스묵시록이다. 필사본에 수록된 〈계시록 12장의 여인과 용〉이라는 삽화에서도 무저갱에서 올라온 열 뿔을 가진 거대한 붉은 용이 예수를 잉태한 마리아를 집어삼킬 태세이다. 마리아는 아기 예수를 하나님께 의탁하고 광야로 피신하는 모습을 보여 주고 있다. 용의 뒤에는 용의 하수인인 타락한 천사의 모습을 한 짐승이 두 증인을 죽이고 있으며, 용의 붉은 꼬리가 나오고 있는 깊은 구렁도 보인다.

윌리엄 블레이크, 〈큰 붉은 용과 해를 입은 여인〉, 1805 – 1810, 국립미술관, 워싱턴

윌리엄 블레이크의 〈큰 붉은 용과 해를 입은 여인〉은 그가 그린 요한계시록 12장 연작의 하나로서 하늘에 나타난 큰 표징인 해산이 임박한 마리아와 사탄의 두목인 용을 잘 표현한 작품이다. 한 여자가 태양을 둘러걸치고, 달을 그 발 밑에 밟고, 열두 별이 박힌 면류관을 머리에 쓰고 있으며, 머리 일곱 개와 뿔 열 개가 달린 커다란 용이 대결하고 있는 유명한 성서화이다.

요한이 여기서 본 환상의 중요한 메시지는 교회가 핍박받는 근본적인 원인이 메시야 탄생을 방해하려는 사탄의 강력한 저항 때문이라는 사실이다. 사탄이 지배하는 이 캄캄한 세상에 주님은 우리가 그들과 타협하며 지은 죄를 대신 갚아 주시려고 이 땅에 오신 것이다. 그러므로 우리는 삶의 유일한 희망인 예수님을 의지하며 희망을 품고 살아갈 수 있다.

하늘에서의 큰 전쟁 요한계시록 12장

마리아와 용의 대결에서 하나님은 아기 예수와 마리아를 안전한 옥좌와 광야로 옮기신 후 미가엘 대천사에게 붉은 용의 무리를 하늘에서 추방하도록 명하셨다.

용을 추락시킨 천사장 미가엘

"그때에 하늘에서 전쟁이 일어났습니다. 미가엘과 미가엘의 천사들은 용과 맞서서 싸웠습니다. 용과 용의 부하들이 이에 맞서서 싸웠지만, 당해 내지 못하였으므로 하늘에서는 더 이상 그들이 발붙일 자리가 없었습니다. 그래서 그 큰 용, 곧 그 옛 뱀은 땅으로 내쫓겼습니다. 그 큰 용은 악마라고도 하고, 사탄이라고도 하는데, 온 세계를 미혹하던 자입니다." 계 12 : 7-9, 새번역

클로이스터스묵시록의 삽화인 〈하늘에서의 전쟁〉은 천사들을 거느린 천사장 미가엘이 십자가 방패를 들고 긴 창으로 열 뿔 달린 용사탄과 그의 부하인 작은 짐승들마귀을 무찔러 땅으로 떨어지게 한 장면을 실감나게 표현하고 있다.

또한 파리의 루브르박물관에 소장된 르네상스 화가 라파엘의 〈사탄을 무찌른 성 미가엘〉에도 중세 삽화의 오랜 전통에 따라 미가엘 천사가 긴 창으로 사탄을 무찔러 땅으로 추락시키는 하늘에서의 전쟁을 잘 묘사하고 있다.

〈하늘에서의 전쟁〉, 클로이스터스묵시록, 1330년경, 노르망디, 프랑스, 양피지에 금은 브라운 채색, 클로이스터스(메트로폴리탄 분원), 뉴욕

미가엘은 수호하는 임무를 맡은 천사장이다. 유다서1:9에서는 미가엘에게 특별히 '천사장'이라는 수식어를 붙였으며, 그가 모세의 주검을 놓고 사탄과 다투며 논쟁했다고 서술하고 있다.

성경에서 천사는 하나님이 창조한 영체이며, 하나님의 군대요, 그리스도를 섬기고 사도들에게 봉사한다. 고대 말기의 디오니시오Dionysius Areopagita, 교회에 재선에 힘쓴 로마교황는 천사의 아홉 등급, 곧 스랍세라핌 · 그룹케루빔 · 좌품 · 주품 · 역품 · 능품 · 권품 · 대천사 · 천사로 나누고 있으나 이 9품 천사론은 교회의 교리로 인정된 것은 아니다. 이중 성경에는 하늘보좌를 수호하는 스랍Seraphim과 에덴동산과 언약궤를 지키는 그룹Cherubim, 그리고 천사장대천사과 천사만 기록되어 있다.

사탄의 첫 번째 추방은 하늘에서 땅으로 떨어지지만 둘째 추방은 땅에서

라파엘, 〈사탄을 무찌른 성 미가엘〉, 1518, 268×160cm, 루브르박물관, 파리

작가미상 비잔틴화가, 〈대천사 미가엘〉, 13세기 비잔틴 이콘, 카트리나수도원, 시나이

깊은 구렁[무저갱]에 가두고, 셋째 추방은 불과 유황의 바다로 던져진다[20:3, 10]. 요한은 큰 용을 악마와 사탄[Satan]이라고도 하며 세계를 속여서 어지럽히던 늙은 뱀이라고 표현하였는데 사탄은 히브리말로는 '대적자'를 뜻한다. 사탄의 별명은 바알세불, 벨리알, 옛 뱀 등 여러 가지가 있다. 마귀[디아볼로스]는 '중상자'를 뜻하는데 바울은 하와가 마귀의 꾐에 빠져 죄를 지었고, 예수를 판 가룟 유다와 베드로의 세 번 부인도 마귀의 유혹 때문이라고 하였다.

시나이 광야에 우뚝 솟은 갈멜산 아래에 위치한 카트리나 수도원에는 13세기에 제작된 사탄을 하늘에서 추방시킨 〈대천사 미가엘〉을 그린 비잔틴 이콘이 소장되어 있다. 수호천사 미가엘의 확고한 눈빛과 두 손을 모아 가슴에 얹으며 순종하는 모습을 보여 주는 유명한 이콘이다.

어린 양의 승리와 하늘의 찬미

요한은 사탄[용]이 땅으로 추방되고 어린 양이 승리한 하늘의 전쟁을 찬미하는 장면을 바라보았다.

> "이제 우리 하나님의 구원과 권능과 나라가 이루어지고 하나님이 세우신 그리스도의 권세가 나타났다. ……우리의 동료들은 어린 양이 흘린 피와 자기들이 증언한 말씀을 힘입어서 그 악마를 이겨 냈다."계 12:10-11상, 새번역

하늘의 전쟁에서 승리한 원인은 십자가에서 흘리신 그리스도의 대속의 피와 성도들이 그리스도를 충성스럽게 증거하였기 때문이라고 요한은 증거하고 있다.

귀도 레니의 〈대천사 미카엘〉에서 미카엘은 금발의 미남자로, 갑옷으로 몸을 감싸고 긴 머리를 휘날리며 등에는 천사의 날개가 있다. 그는 오른손에 검을 들고 사탄을 짓밟아 하늘에서 추방하고 있다.

여인의 남은 자손들을 박해하는 사탄

> "그 용은 자기가 땅으로 내쫓겼음을 알고, 남자 아이를 낳은 그 여자를 쫓아갔습니다. 그러나 그 여자는 큰 독수리의 두 날개를 받아 가지고 광야에 있는 자기 은신처로 날아가서, 거기에서 뱀을 피해서, 한 때와 두 때와 반 때 동안 부양을 받았습니다."계 12:13-14, 새번역

사탄은 굴복하지 않고 끈질기게 박해를 가한다. 여기서도 여인의 남은 자손인 교회가 극렬한 박해를 받는 대환난의 시기를 나타내는 암호 같은 '한 때 두 때 반 때'라는 숫자가 나온다.

그것은 교회가 박해받는 근본 원인이 메시야 출현을 방해하려는 사탄의 저항이란 점과 환난 중에도 하나님께서는 백성을 버리지 않으신다는 것을 묵시록을 읽는 하나님의 자녀들이 깨닫도록 하려는 것이다.

귀도 레니, 〈대천사 미카엘〉, 1636년경, 캔버스에 유채, 293×202cm, 산타 마리아 델라 콘체치오네 성당, 로마

짐승의 표 666이 찍힌 사람들 요한계시록 13장

교회를 박해하는 용의 왕국에 대하여 요한이 본 일곱 환상이 계시록 12장과 13장에 나와 있다. 이는 박해의 주범인 사탄용과 그의 하수인들짐승이 무엇 때문에, 그리고 어떤 방법으로 교회를 핍박하는지 보여 주고 있다.

12장에서는 용사탄이 여인마리아을 공격하는 하늘에서의 싸움을 네 가지 환상으로 묘사했는데, 용이 미가엘 천사장과의 전투에서 패하여 땅으로 추락하였다. 용은 자신이 여자를 해칠 수 없음을 알자 그 여자의 후손예수님과 교회을 해하려고 자기 부하인 짐승들마귀을 동원한다.

그리하여 13장에서는 용의 부하인 짐승과 여인의 후손과의 싸움을 보여 주는 마지막 세 가지 환상을 기록하였다. 바다와 땅으로부터 올라온 짐승들이 교회와 세상 사람들을 공격하여 666이란 짐승의 표를 이마에 찍는 환상이 우리를 전율케 한다. 그 짐승은 머리가 일곱인 기괴한 모습으로 브르타뉴의 안느 대기도서에는 그 환상을 기록하는 요한의 삽화가 있다.

온 땅이 용과 짐승에게 경배하다

요한이 본 다섯째 환상은 바다로부터 올라온 짐승의 기괴한 모습이다. 사탄용은 여자의 후손예수님과 교회을 해하려고 자기 부하인 짐승들마귀을 동원한다.

장 부르디숑, 〈짐승의 환상을 기록하는 요한〉, 브르타뉴의 안느 대기도서, 1503–1508, 프랑스 중서부 투르, 프랑스 국립도서관

〈바다에서 올라온 일곱 머리를 가진 짐승〉, 밤베르크묵시록, 라이헤나우 수도원콘즈탄츠호, 1000–1020, 밤베르크 주립도서관, 독일

"내가 보니 바다에서 한 짐승이 나오는데 뿔이 열이요 머리가 일곱이라 그 뿔에는 열 왕관이 있고 그 머리들에는 신성 모독하는 이름들이 있더라 내가 본 짐승은 표범과 비슷하고 그 발은 곰의 발 같고 그 입은 사자의 입 같은데 용이 자기의 능력과 보좌와 큰 권세를 그에게 주었더라"계 13:1–2

11세기에 스페인에서 제작된 밤베르크묵시록의 〈바다에서 올라온 일곱 머리를 가진 짐승〉은 요한이 너무나 기괴한 짐승을 발견하고 놀라는 표정으로 오른손으로 시야를 막고 있다. 짐승이 올라온 바다는 무저갱과 같은 혼돈한 악의 세계를 가리킨다. 이 짐승의 모습이 표범, 곰, 사자와 같다는 것은 일찍이 바벨론에서 포로생활하던 청년 다니엘이 환상단 7장에서 본 동물로서 바벨론, 메데, 바사, 헬라를 상징하는 짐승들이다. 그러므로 요한이 본 그

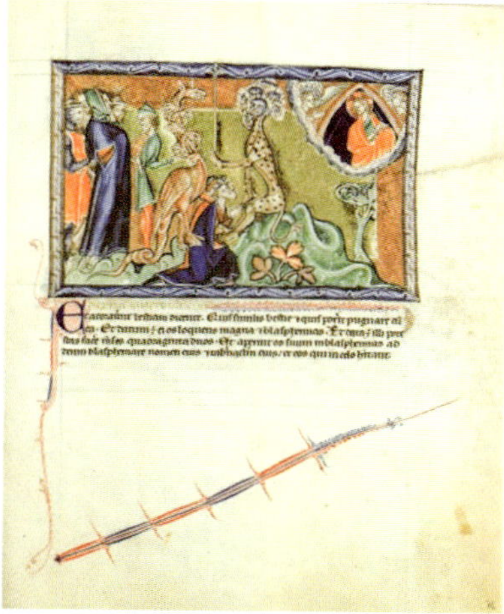

〈붉은 용 앞에서 바다로부터 올라온 짐승에게 경배하는 백성들을 지켜보시는 하나님〉, 굴벤키안묵시록, 1265－1270년경, 쿨벤키안 박물관, 리스본, 포르투갈

짐승은 로마제국으로 해석한다. 당시 로마제국은 그때까지 모든 적그리스도 국가인 4개국의 특성을 모두 갖추고 있어 기독교를 박해하고 있다고 표현하였다.

"용이 짐승에게 권세를 주므로 용에게 경배하며 짐승에게 경배하여 이르되 누가 이 짐승과 같으냐 누가 능히 이와 더불어 싸우리요 하더라"계 13:4

사탄의 박해를 받는 세상 사람들은 그가 두려워 그 세력에 굴복하고 경배하는 지경에 이르렀다. 이를 표현한 삽화가 13세기에 제작된 굴벤키안묵시록에 소장되어 있는 〈붉은 용 앞에서 바다에서 올라온 짐승에게 경배하는 백성들을 지켜보시는 하나님〉이다. 용과 짐승은 뿔이 열이요 머리가 일곱으로

그 거대한 야수 앞에 사람들이 경배하며 찬양까지 하는 모습을 심판의 주인 하나님이 응시하고 있다.[2)]

마흔두 달 동안 하나님을 모독하는 짐승

"또 짐승이 과장되고 신성 모독을 말하는 입을 받고 또 마흔두 달 동안 일할 권세를 받으니라"계 13:5

짐승은 용으로부터 하나님을 훼방하는 권세를 받았다. 역사적으로 하나님을 모독한 행위를 보면 바벨론 왕 느부갓네살은 예루살렘 성전을 불사르고 성전기물을 가져갔으며, 수리아 왕 안디오커스 에피파네스는 성전에 돼지 피를 뿌렸고, 로마의 폭군 네로는 자신을 세상의 구주로 자처한 일 등이 연상된다.

짐승의 권세는 마흔두 달 동안 행사할 수 있다. 마흔두 달은 환난의 기간 중에서 교회를 극심하게 핍박하는 기간을 가리킨다.

"내가 보매 또 다른 짐승이 땅에서 올라오니 어린 양같이 두 뿔이 있고 용처럼 말을 하더라"계 13:11

16세기 독일의 하인리히 성경에는 〈열 뿔 가진 동물과 어린 양의 뿔을 가진 짐승〉이란 삽화가 있다. 세상 사람들이 하늘에서 추락한 열 뿔 가진 용사탄

---

2. 중세 묵시록은 대부분 그 묵시록을 필사한 수도원 이름에서 따왔으나 굴벤키안묵시록은 영국의 석유 사업자이며 말년을 포르투갈에서 보낸 칼루스트 굴벤키안Calouste Sarkis Gulbenkian, 1869-1955이 평생 수집한 컬렉션을 바탕으로 리스본에 세운 박물관 소장품이다.

마티아스 게롱, 〈열 뿔 가진 동물과 어린 양의 뿔을 가진 짐승〉, 오트하인리히 성경, 1530–1532, 바이에른 주립도서관, 뮌헨

이 무서워 굴복할 뿐만 아니라 어린 양의 모습으로 가장한 거짓 선지자인 짐승이 구름 속에서 불을 내리는 술수에 현혹되어 무릎을 꿇고 경배하고 있다.

요한이 본 마지막 환상은 바다에서 나온 짐승이 아닌 또 다른 짐승이 땅에서 올라오는 것이었다. 구약에 의하면 괴물인 리워야단레비아탄:Leviathan은 깊은 바다에서 살고사 27:1, 베헤못Behemoth은 광야에 산다는 기록에녹서이 있듯이 계시록에도 바다와 땅의 짐승이 함께 나온다.

땅에서 나온 짐승은 두 뿔이 있는 어린 양의 모습이나 용처럼 말하는 기이한 형상이라고 표현하고 있다. 외모는 어린 양그리스도이나 그 중심은 용사탄인 것이다. 요한은 그를 미혹하게 하는 자이며 거짓 선지자라고 풀이해 준다.

오른손이나 이마에 666 표가 찍힌 사람들

"그가 모든 자 곧 작은 자나 큰 자나 부자나 가난한 자나 자유인이나 종들에게 그 오른손에나 이마에 표를 받게 하고 누구든지 이 표를 가진 자 외에는 매매를 못하게 하니 이 표는 곧 짐승의 이름이나 그 이름의 수라 지혜가 여기 있으니 총명한 자는 그 짐승의 수를 세어 보라 그것은 사람의 수니 그의 수는 육백육십육이니라"계 13:16-18

영국의 시인 · 화가이자 환상적인 신비주의자로 살았던 윌리엄 블레이크는 중세 때부터 어느 누구도 그림으로 그리기 어려운 주제인 〈짐승의 수 666〉이란 그림을 그렸다. 이 그림을 보면 앞에는 두 뿔이 있는 순한 양의 모습이나 중심에는 붉은 빛을 내는 용의 눈을 가진 짐승이며, 보기에 따라서는 잘 생긴 인간의 모습으로 거대한 용의 날개 속에서 사람들을 미혹하고 있다. 이 짐승은 사람들에게 짐승의 표인 '666'을 받게 하고 있다.

윌리엄 블레이크, 〈짐승의 수 666〉, 1805, 로젠바흐박물관, 필라델피아

짐승은 세상 사람들에게 오른손이나 이마에 짐승의 표를 받게 하였다. 이는 대환난을 피할 수 있도록 144,000명에게 이마에 성부와 어린 양의 이름으로 도장을 받도록 한 성도계 7:1-4를 본떠서 사람들에게 짐승의 표를 받게 한 것이다. 표를 받게 한다는 것은 당시 로마가 강요한 황제예배에 참여한 자들에게 주었던 참가확인서를 배경으로 한다. 표를 받은 사람이 아니면 아무나 팔거나 사거나 할 수 없게 하였는데 이 표는 배급표와 같은 역할을 하였으므로 이 표가 없이는 살 수 없는 세상이었다.

요한이 묵시록을 기록한 시대적 상황으로 보았을 때 이 표는 짐승을 상징하는 숫자이며, 어떤 시대적 인물을 지칭하는 '666'이라고 하였다. 짐승과 같은 그 이름의 수는 AD 10세기에 아라비아 숫자가 발명되기까지 문자로 수를 표시하였다. 666에 해당하는 이름의 수를 가진 짐승이 누구인가에 대한 신학적 연구가 오랜 기간 논의되었다.

기독교인의 심한 박해로 인해 로마를 그대로 표현할 수 없었던 시대적 흐름에 따라 제일 먼저 논의되는 666의 대상은 로마제국의 폭군 '네로'이다. 네로 황제 이름의 히브리어 표기는 '네론 카이살'인데 그 히브리식 숫자를 계산해 보면 666이 된다. 다른 해석으로 666은 로마를 가리키는 '라테이노스'라는 헬라어의 숫자를 의미한다는 주장과 함께 헬라의 악신 '테이탄'의 숫자라는 것이다. 테이탄은 헬라신화에 나오는 하나님을 적대하는 거대한 신이었으며, 계시록 저자인 요한은 기독교를 가장 탄압한 로마황제 도미시안을 테이탄으로 보았다는 것이다.

또 다른 학설로는 666은 역사적 특정인이 아니라 상징적인 수로 해석하여야 한다는 주장이다. 6은 완전수인 7에서 하나가 모자라는 불완전 숫자로서 666은 마귀의 수이며 인본주의 수인 것이다. 777이 하나님의 삼위일체 수라면 666은 불완전한 마귀의 삼위일체 수라는 이론이다.

'666'에 대한 학설을 종합해 보면 짐승의 표인 666은 가까이는 요한 당시 적그리스도 세력이었던 로마제국이나 폭군 네로와 도미시안을 가리키고, 멀리는 예수님 재림 전에 나타날 모든 적그리스도 세력을 가리킨다고 보아야 할 것이다.

짐승의 표 666에 관한 요한의 증거는 대환난 시대를 살고 있는 우리들의 이마에 누구의 도장을 받을 것인지 다시 한 번 믿음의 결단을 요구하고 있다. 세상의 적그리스도 권력과 타협하고 거짓 선지자에게 미혹되어 나도 모르게 짐승의 표가 찍혀 하나님이 아닌 이들에게 경배하고 현세의 만족을 탐하며 살기는 쉽다. 그러나 이 세상의 온갖 고난과 핍박을 이겨 내고 주님이 재림하실 때 구원을 얻을 수 있도록 하나님의 인 치심도장 찍음을 받는 하나님의 자녀들이 되어야 함을 우리에게 일깨워 주고 있다.

시온산에서 경배하는 사람들

선택 받은 144,000명 요한계시록 14장

요한계시록에는 두 번째 단계의 나팔재앙8-9장과 세 번째 단계의 대접재앙15-16장 사이에 막간환상으로 삽입된 교회가 박해 받는 7년 대환난10-11장의 비밀을 풀 수 있도록 여러 환상을 보여 주었다. 대환난의 근본 원인은 메시야 탄생을 강력히 저지하려는 사탄용의 박해 때문이다. 미가엘 천사가 하늘에서 큰 전쟁을 하여 사탄을 땅으로 추락12장시켰으나, 용사탄은 부하인 짐승들마귀을 동원하여 최후 수단으로 적그리스도의 발톱을 가린 채 무지한 인간들을 미혹하여 짐승의 표인 666을 이마에 찍는 것이 박해의 절정이었다.

보티첼리의 〈성모와 아가 예수〉에서처럼 예수님은 기원전과 기원후의 역사적 분기점을 가르고 인간의 모습으로 이 땅에 오셨다. 메시야 탄생을 강력히 저지하려는 사탄용의 박해를 물리치고 승리의 주님은 오셨다. 아기 예수는 과일이나 황금방울새가 아닌 가시덤불로 만든 면류관을 팔찌처럼 가지고 있다. 이를 바라보는 마리아의 겉옷도 하나님께 대한 충성을 나타내는 짙은 푸른색이며, 어깨에 새긴 무늬도 가시덤불 문양의 금빛 망사 면류관으로 빛나는 후광이 마리아의 슬픔과 헌신이 신비롭다. 십자가 고난을 받을 아기에게 드러낸 거룩한 모성Maternity의 극치이다.

그동안 교회가 박해받는 대환난으로 낙망과 불안과 침울한 성도들을 격려하고, 광명한 천상의 구원 받는 세계를 보여 주는 한편, 666 짐승의 표를 받

산드로 보티첼리, 〈성모와 아기 예수〉, 1480, 폴디페촐리 박물관, 밀라노, 이탈리아

고 사탄에게 절하며 배급표를 받아 우쭐한 불신자에게는 경고와 심판이 어떤 것인가를 보여 주는 최후의 심판의 예고편인 또다른 일곱 환상을 요한은 연이어 기록하고 있다.

먼저 안락한 삶을 보장한다고 유혹하는 666 짐승의 표를 단호히 거부하고 시온산 위의 어린양께 경배하는 성도와 순교자들을 위한 새 노래와 구원받는 모습의 예고편이 14장이다.

시온산 위의 어린 양과 144,000명 성도들의 합창

"또 내가 보니, 어린 양이 시온 산에 서 있었습니다. 그 어린 양과 함께 십사만 사천 명이 서 있었는데, 그들의 이마에는 어린 양의 이름과 그의 아버지의 이름이 적혀 있었습니다. 그들은 보좌와 네 생물과 그 장로들 앞에서 새 노래를 부르고 있었습니다."계 14 : 1, 3상, 새번역

11세기의 파쿤도 베아투스에 수록된 〈시온산 위의 신비한 어린 양에게 경배〉라는 삽화의 중앙에는 시온산 위에 신비스러운 어린 양이 십자가 앞에 서 있다. 어린 양 주위에는 현악기를 든 24장로들이 하나님을 찬양하고 있으며, 위에는 하나님이 계시는 보좌가 있고 보좌를 지키는 네 생물이 보인다. 보좌 좌우에는 교회에 대한 박해를 믿음으로 이기고 짐승의 표인 666을 거부하고 하나님과 어린 양 예수의 이름이 적힌 도장을 이마에 새긴 144,000명의 성도들이 시온산 위의 어린 양에게 경배하며 '새 노래'를 찬양하고 있다.

시온Zion은 구약에서는 예루살렘이나 예루살렘 성전 또는 이스라엘을 가리켰다. 그러나 신약에서는 지상의 예루살렘이 아닌 하늘의 신령한 예루살렘을 가리킨다. 이 그림에서도 하나님의 구원과 관련된 하늘의 도성이다.

〈시온산 위의 신비한 어린 양에게 경배〉, 파쿤도 베아투스, 1047, 양피지에 채식, 285×210mm, 마드리드국립도서관

마지우스(타바라 화파의 장인), 〈시온산 위의 어린 양〉, 모건 베아투스, 922 이후, 양피지, 38.2×28.5cm, 모건도서관, 뉴욕

144,000명이 합창하며 24장로가 연주하는 새 노래의 제목은 시편에서 많이 나오는 새 노래의 제목과 같이 '구원'을 기쁘게 찬양하고 있다.

666을 거부하고 순교한 자들에 대한 축복

"나는 또 하늘에서 들려오는 음성을 들었습니다. '기록하여라. 이제부터 주님 안에서 죽는 사람들은 복이 있다.' 그러자 성령께서 말씀하셨습니다. '그렇다. 그들은 수고를 그치고 쉬게 될 것이다. 그들이 행한 일이 그들을 따라다니기 때문이다.'" 계 14:13, 새번역

사탄의 극심한 박해에도 불구하고 황제예배에 참여하지 않고 짐승의 표 666을 끝내 거부하며 순교한 어린 양 경배자에 대한 축복의 선언이다. 말세는 그리스도에 대한 충성으로 순교를 각오해야 하는 악한 세력이 넘쳐나는 세상이다. 하나님은 그 모든 충성된 믿음을 잊어버리지 않으시고 행한 대로 상을 주신다.

10세기에 스페인 타바라의 산살바도르 수도원에서 마지우스Margius가 삽화를 그려 넣은 필사본이 모건 베아투스Morgan Beatus이다. 이 사본의 삽화를 보면 그림은 4단으로 되어 있다. 1단에는 하늘 보좌를 호위하는 네 생물사람, 사자, 송아지, 독수리이 둥근 바퀴를 탄 모습이다. 1단부터 구름처럼 피어 오른 제2단에는 시온산 위의 어린 양이 십자가 앞에 서 있고, 그 좌우에는 666 짐승의 표를 거부하고 하나님의 인 치심도장 찍음을 받은 144,000의 성도들이 각종 악기를

들고 순교자의 축복을 노래하고 있다.[3)]

당시 스페인은 이교도인 이슬람이 점령하여 기독교인들이 극심한 박해를 받던 시기이며, 유럽 전체가 흑사병이 창궐하여 종말론이 휩쓸던 암흑의 중세였다. 이 사본도 모자라베 미술Mozarabic art의 아름다움을 전해 주는 삽화이다. 중세 역사를 보면 교회가 핍박 받을 때는 더욱 말씀을 사모하였고, 그 사모함에 힘입어 성경을 깊이 묵상하기 위한 성서화 삽화를 그렸음을 알 수 있다.

좁은 문으로 들어가라

누가 짐승에게 경배하며 살고 싶을까? 세상과 타협하며 사는 것이 편하기 때문일 것이다. 그러니 누가 그 유혹을 떨치고 시온산에서 경배할 수 있겠는가? 예수님은 산상수훈에서 좁은 문으로 들어가라고 말씀하셨다. 예수를 따르던 이름 없는 무리들인 '오클로스', 불쌍한 병자들, 배고픈 자들, 소외된 무리들에게 하신 말씀이다.[4)]

> "좁은 문으로 들어가라 멸망으로 인도하는 문은 크고 그 길이 넓어 그리로 들어가는 자가 많고 생명으로 인도하는 문은 좁고 길이 협착하여 찾는 자가 적음이라"마 7:13-14

---

3. 8세기에 편찬된 베아투스 리에바나Beatus of Liébana의 묵시록주해서는 10세기부터 스페인의 여러 수도원에서 다시 필사본을 작성하면서 성경에 그림을 추가하였는데 20여 종의 사본 중에서 10세기에 스페인 타바라의 산살바도르San Salvador de Tabara 수도원에서 마지우스Margius가 300여 장의 삽화를 그려 넣은 필사본이 모건 베아투스Morgan Beatus이다. 현재는 뉴욕 모건도서관에 소장되어 있다.
4. 성종현, 「신약총론」(서울 : 장로회신학대학 출판부, 1991), pp. 458-465.

게오르긴 프랑수아, 〈영겁으로 가는 세 길〉, 1825, 38 x 58cm, 코넬대학도서관

19세기 우화작가 프랑수아의 산상수훈 알레고리인 〈영겁으로 가는 세 길〉이라는 그림지도를 보면 처음부터 넓은 문으로 들어간 사치한 자들이 노래하며 졸며 즐기다가 어느 순간 멸망의 문에 도달한 많은 군상들이 있다. 반면에 처음부터 좁은 문을 찾아가다가 너무 힘들어 십자가가 서 있는 험한 길을 피하여 세상과 타협하며 살다가 갑자기 멸망의 문으로 떨어진다. 그중에서도 좁고 험한 제3의 길인 생명으로 인도하는 좁은 문으로 들어가는 사람의 옷차림을 살펴보며 그들의 종착지를 곰곰이 새겨 볼 일이다.

사탄 경배자에 대한 심판

진노의 포도주를 마실 자들 요한계시록 14장

요한계시록 14장 앞부분에서는 요한이 본 환상으로 교회에 대한 박해를 믿음으로 이긴 144,000명의 성도들이 시온산 위의 어린 양에게 경배하며 구원받는 장면이다. 그들은 짐승의 표인 666을 거부하고 하나님과 어린 양 예수의 이름이 적힌 도장을 이마에 새긴 성도들이다. 그러나 세상과 타협하여 짐승의 표인 666이 이마에 찍힌 사탄경배자에 대한 심판과 저주의 환상 다섯 가지가 기록되어 있다.

공중에 날아가는 세 천사가 전하는 말

11세기 초 스페인에서 제작된 밤베르그묵시록의 〈세 천사의 비상〉에는 세 천사가 공중을 날아가며 세 번이나 하나님의 심판이 임박했음을 백성에게 전한다. 첫째, 천사가 전하기를 "너희는 하나님을 두려워하고, 그분께 영광을 돌려라. 하나님께서 심판하실 때가 이르렀다"계 14:7중, 새번역고 한다. 악인에 대한 심판의 선언이다. 둘째 천사는 "무너졌다. 무너졌다. 큰 도시 바빌론이 무너졌다."계 14:8, 새번역고 외친다.

바벨론은 황제예배를 강요하던 로마를 상징한다. 셋째 천사는 "그 짐승과 그 짐승 우상에게 절하고, 이마나 손에 표를 받는 사람은 누구든지 하나님의 진노의 포도주를 마실 것이다"계 14:9하-10상, 새번역라고 저주한다. 진노의 포도주는 격심한 하나님의 노여움을 표시한다.

〈세 천사의 비상〉, 밤베르크묵시록, 라이헤나우 수도원(콘즈탄츠호), 1000 – 1020, 밤베르크 주립도서관, 독일

인자의 곡식 추수와 천사의 포도 거두기

"또 내가 보니, 흰 구름이 있고, 그 구름 위에는 '인자 같은 분'이 앉아 있었습니다. 그는 머리에 금 면류관을 쓰고, 날이 선 낫을 들고 있었습니다. 그러자 구름 위에 앉은 분이 낫을 땅에 휘둘러서, 땅에 있는 곡식을 거두어들였습니다."계 14 : 14, 16, 새번역

이는 인자그리스도의 곡식 추수이며 다음은 천사의 포도 거두기이다. 둘 다 사탄에게 경배한 자에 대한 심판선언이다. 추수는 세상 마지막 날에 하나님이 사탄을 추종하는 악인을 심판한다는 뜻이다.

마티아스 게롱, 〈어린 양의 개가와 곡식추수〉, 오트하인리히 성경, 1530–1532, 바이에른 주립도서관, 뮌헨

마티아스 게룽이 그린 16세기 독일의 오트하인리히 성경에는 〈어린 양의 개가와 곡식추수〉라는 삽화가 있다. 이는 한 화면에 성경 이야기의 전후를 다 보여 주는 성서화의 특징 중에 하나인 연속적 서술법을 따른 그림이다. 요한이 본 환상은 구름 사이에 보인다. 왼쪽 상부에는 144,000명의 성도들이 시온산 위의 어린 양에게 승리의 찬가를 합창하고 있고, 바로 아래에는 세 천사가 공중으로 날아가면서 바벨론의 임박한 심판을 경고하고 있다. 그 아래에는 거대한 도시 바벨론이 멸망하고 있는 환상이 나타나고 있다. 그리고 이 천사들은 오른쪽 상부로 날아가 추수할 낫을 들고 있는 그리스도를 보았다. 그리스도는 바로 아래에 있는 밭에서 누런 곡식을 추수하고 있다. 이를 목도한 또 다른 천사는 낫을 들고 포도밭으로 가서 포도를 거두고 있는 모습이다.

"그래서 그 천사가 낫을 땅에 휘둘러, 땅의 포도를 거두어서, 하나님의 진노의 큰 포도주를 만드는 술틀에다가 던졌습니다. 술틀은 성 밖에 있었는데, 그것을 밟아 누르니 거기에서 피가 흘러 나왔습니다. 그 피가 말 굴레의 높이까지 닿고, 거의 천육백 스타디온이나 퍼져 나갔습니다."계 14:19-20, 새번역

〈종말론적인 곡식 추수와 포도 추수〉, 에스코리알 베아투스, 950~955년경, 양피지에 채식, 에스코리알왕립도서관, 상 로렌조, 스페인

10세기 중반 스페인 필사본 에스코리알 베아투스에 실린 삽화인 〈종말론적인 곡식 추수와 포도 추수〉는 당시 이슬람의 박해를 받아 종말론에 휩싸인 세태를 반영하고 있다. 이 삽화에서 위쪽에 구름 위에 인자가 앉아 있고 붉은 외투를 걸친 천사가 손에 낫을 들고 앞쪽의 가라지를 베고 있다. 몹쓸 가라지는 모아서 불에 태운다.

에스코리알 베아투스의 삽화 중간에는 포도를 수확하는 천사가 있고 아래 부분의 술 만드는 틀에서 흘러나온 것은 포도주가 아니라 이마에 짐승의 표를 받은 자들이 심판의 결과 흘러나온 핏빛인 진노의 포도주로서 말굴레까지 흥건히 적시고 1,600스타디온이나 퍼져 나갔다. 1,600스타디온은 약 300킬로미터로서 문자적으로는 팔레스타인의 길이에 해당한다. 그러나 상징적으로는 전 세계를 가리키는 말이다. 즉, 짐승의 표인 666을 새긴 자들에게는 하나님의 진노가 전 세계에 미칠 것을 상징하고 있다.

하나님의 대적에 대하여는 진노를 집행하기 위하여 포도주틀을 밟는 삽화를 보면서 우리는 두렵고 떨리는 마음으로 하나님 경외敬畏를 되새겨야 할 것이다.

제4부
진노가 가득한 대접을 쏟으라

진노의 일곱 대접재앙들

지구환경의 혹독한 참상 요한계시록 15－16장

요한계시록의 중심 주제는 하나님께서 교회를 핍박하는 이 세상을 심판하고 최종적으로 성도들을 구원한다는 것이다. 모두 22장으로 기록된 요한계시록에는 요한이 환상으로 본 세 가지 환난이 기록되어 있다. 먼저 일곱 봉인재앙6－8장과 일곱 나팔재앙8－9장이 있은 후 한동안 막간환상이 계속되다가 마지막 재앙인 일곱 대접재앙이 나온다. 이 세 재앙이 진행될 수록 종말이 가까워지며 재앙은 더욱 심화된다. 세 가지 환난이 일어나는 시기를 학술적으로 '7년 대환난'이라 칭하기도 한다. 그리고 중요한 점은 여기의 7년은 문자적인 7년을 가리키는 것이 아니다. 일곱 대접재앙은 요한이 본 크고 놀라운 표징15장과 자연계에 대한 네 재앙16장 전반부과 인간계에 내린 세 재앙16장 후반부으로 나누어진다.

요한이 본 크고 놀라운 표징

11세기에 스페인에서 제작된 파쿤도 베아투스에는 〈일곱 천사와 마지막 일곱 재앙〉이란 삽화가 있다. 그림 중앙에는 하늘보좌를 지키는 네 생물의 하나인 스랍천사가 보인다. 그는 그림 상단의 장막성전이 열리자 하나님의 진노가 담긴 대접항아리을 그림 아래 부분의 일곱 천사에게 전해 준다. 가슴에 금띠를 한 일곱 천사는 진노의 대접을 땅에다 쏟기 위해 들고 있다. 장막 성전에는 하나님의 영광과 권능에서 나오는 연기가 가득 차 있다.

〈일곱 천사와 마지막 일곱 재앙(계 15장)〉, 파쿤도 베아투스, 1047, 마드리드국립도서관

〈첫 세 그릇의 대접재앙〉, 세밀화, 밤베르크묵시록, 라이헤나우 수도원(콘즈탄츠호), 1000–1020. 밤베르크 주립도서관, 독일

"나는 하늘에서 크고도 놀라운 또 다른 표징을 하나 보았습니다. 일곱 천사가 일곱 재난을 가지고 있었는데 그것은 마지막 재난이었습니다. 하나님의 진노가 그것으로 끝날 것이기 때문입니다."계 15:1, 새번역

진노의 대접을 자연계에 쏟아 부은 재앙

일곱 천사 중 처음 세 천사는 진노가 담긴 대접을 땅과 바다와 강 등 지구환경에 쏟아 붓는다.

"첫째 천사가 나가서 그 대접을 땅에 쏟으니, 짐승의 표를 받은 자들과 그 짐승 우상에게 절하는 자들에게 아주 나쁜 종기가 생겼습니다."계 16:2, 새번역

"둘째 천사가 그 대접을 바다에 쏟으니, 바닷물이 죽은 사람의 피처럼 되고, 바다에 있는 모든 생물이 죽었습니다."계 16:3, 새번역

"셋째 천사가 그 대접을 강과 샘물에 쏟으니 물이 피가 되었습니다."계 16:4, 새번역

10세기 초에 독일에서 제작된 밤베르크묵시록의 〈첫 세 그릇의 대접재앙〉을 그린 삽화에는 세 천사가 땅과 바다와 강에 대접을 쏟자 종기가 나고 바다의 고기가 죽고 강물이 피가 되는 지구환경의 참상이 보인다. 짐승의 표를 받은 자들에게 아주 나쁜 종기가 나고 바다와 강과 샘물이 피로 변하는 재앙은 출애굽을 거부하던 이집트 황제와 이집트 자손들에게 내린 재앙과 같다.

16세기 독일에서 제작된 오트하인리히 성경은 아름다운 삽화가 많기로 유명하다. 마티아스 게룽이 그린 삽화인 〈일곱 대접재앙〉에는 그림 위쪽의 일곱 천사가 대접재앙 모두를 보여 준다. 첫째 천사아랫줄 좌로부터 둘째가 대접을 쏟으니 땅에 앉은 우상경배자들의 온몸에 독한 종기가 난다. 둘째 천사아랫줄 오른편가 바다에 쏟으니 피같이 되고, 셋째 천사아랫줄 왼편는 강에다 쏟는다. 넷째 천사윗줄 왼편는 태양에 쏟고 있으며, 다섯째 천사아랫줄 왼편에서 둘째는 짐승의 왕좌에다 쏟아 아파서 혀를 깨문다. 여섯째 천사아랫줄 가운데는 유프라테스 강에 쏟으니 강이 마른다. 그때 개구리 같은 더러운 영이 그림 아래쪽에 보이는 용과 짐승과 거짓 선지자의 입에서 나오고 있다. 마지막 일곱째 천사윗줄 오른편가 대접을 공중에 쏟으니 지진이 나며 바벨론성이 멸망한다.

일곱 나팔 재앙은 지구의 3분의 1만을 해치는 자연계에 대한 부분적인 재앙으로서 이는 형벌이라기보다 모든 사람들이 회개하기를 바라는 경고적 재앙이었다. 이에 비해 대접재앙은 666, 즉 짐승의 표를 받은 불신자만을 대상으로 하는 최종적이며 무서운 재앙이다.

최후의 심판 직전의 무서운 재앙은 하나님을 모독하는 인간들에게 내린 마지막 세 재앙으로 갈수록 더욱 혹독하고 종말론적이다. 요한은 환상으로 본 그대로 우리에게 경고하며 지구의 종말을 가져오는 대접재앙이 내리는 그 날을 보여 주고 있다.

마티아스 게롱, 〈일곱 대접재앙〉, 오트하인리히 성경, 1530 – 1532, 바이에른 주립도서관, 뮌헨

역사의 종국을 선언하다

역사의 종말까지 신을 모독하는 자들 요한계시록 16장상

일곱 대접재앙은 그 정도와 내용에 있어서 보면 완전히 종말론적이다. 일곱 대접재앙을 통해서 바벨론은 멸망하고 현세는 끝이 난다. 이 재앙의 성서적 근거는 구약 레위기에도 명시되어 있다.

"너희가 나를 거역하여 나의 말에 순종하지 않으면, 나도 너희에게 너희가 지은 죄보다 일곱 배나 벌을 더 내리겠다."레 26 : 21, 새번역

즉, 죄에 대한 일곱 배의 재앙이 일곱 대접재앙인 것이다. 처음 세 재앙123대접은 자연계에 내려진 재앙이고, 그 다음457대접은 역사의 종국까지 하나님을 모독하는 인간계에 내려진 재앙이며, 여섯째 재앙은 아마겟돈 전쟁, 즉 인류 최후의 전쟁 재앙인 것이다.

태양이 불타는 지구의 이변

"넷째 천사가 그 대접을 해에다 쏟았습니다. 해는 불로 사람을 태우라는 허락을 받았습니다. 그래서 사람들은 몹시 뜨거운 열에 탔습니다."계 16 : 8-9상, 새번역

참으로 무서운 태양계의 변이가 온다는 것이다.

〈다섯째 대접재앙(계 16장)〉, 에스코리알 베아투스, 950－955년경, 양피지에 채색, 135×100mm, 엘 에스코리알, 왕립도서관, 상 로렌조, 스페인

"그러나 그들은 이 재앙을 지배하는 권세를 가지신 하나님의 이름을 모독하였고, 회개하지 않았고, 하나님께 영광을 돌리지 않았습니다."계 16:9하, 새번역

이 대접재앙의 결과를 보면 짐승의 표 666을 이마에 받은 무리들은 처절한 형벌 속에서도 끝까지 하나님을 모독하며 회개하지 않았다.

흑암 속에서 혀를 깨무는 모독자들

"다섯째 천사가 그 대접을 짐승의 왕좌에다가 쏟으니, 짐승의 나라가 어두워지고, 사람들은 괴로움을 못 이겨서 자기들의 혀를 깨물었습니다. 그들은 아픔과 부스럼 때문에, 하늘의 하나님을 모독하였습니다. 그러나 그들은 자기들의 행동을 회개하지 않았습니다."계 16:10-11

10세기의 에스코리알 베아투스의 삽화인 〈다섯째 대접재앙〉에서 다섯째 천사가 짐승의 왕좌에 대접을 쏟고 있다. 짐승의 왕좌는 로마 황제의 보좌, 즉 적그리스도의 보좌를 가리킨다. 다섯째 대접재앙 때에는 머리가 일곱인 짐승과 그 추종자들이 괴로움을 못 이겨서 붉고 긴 자기 혀를 깨물며 아파한다. 그러나 그들은 하나님을 모독하고 회개하지 않는다.

모세의 출애굽 재앙시의 흑암 재앙과 같이 다섯째 대접재앙을 받은 짐승의 나라는 어둠에 잠긴다. 앞으로 세상 끝날에도 세계적 암흑현상이 있을 것이라는 예고처럼 보인다.

〈일곱째 대접(계 16장)〉, 파쿤도 베아투스, 1047, 양피지에 채식, 215×210mm, 마드리드국립도서관

역사의 종국 선언 – "다 되었다"

"일곱째 천사가 그 대접을 공중에 쏟으니 성전에서 보좌로부터 "다 되었다" 하는 큰 음성이 울려 나왔습니다. 또 번개가 치고, 음성들이 나고, 천둥이 울리고, 큰 지진이 일어났는데, 이런 큰 지진은 사람이 땅 위에 생겨난 뒤로 일찍이 없었던 것입니다. 그리고 그 큰 도시가 세 조각이 나고, 민족들의 도시들도 무너졌습니다."계 16:17–19상, 새번역

파쿤도 베아투스의 삽화 중 〈일곱째 대접〉을 보면 천사가 진노의 일곱째 잔을 공중에 쏟고 있다. 그러자 번개 천둥이 치는 가운데 큰 우박이 내려 높게 쌓은 성이 암흑세상이 되고 피로 물든 가운데 세 갈래로 나누어지고 있다. 번개와 뇌성은 하나님이 임재하는 모습을 나타내고 지진은 세상 종말의 표징이 된다. "다 되었다." 이는 하나님의 선언이다. 이로써 인류 역사는 끝이 나고 성도의 완전한 구원은 시작된다. 큰 도시 바벨론은 로마를 가리키며 세 조각이 났다는 것은 완벽한 파괴를 뜻한다. 짐승의 표를 받은 사탄 추종자들은 철저히 세뇌가 된 완고한 심령들로서 끝까지 회개하지 않고 하나님을 모독하고 최후의 심판을 맞이하게 된다.

12세기에 프랑스의 몽생 오딜Mont Sainte–Odile 수도원의 수녀원장이었던 란츠베르크의 헤라트가 제작한 「호르투스 델리키아룸」Hortus deliciarum에 바벨론의 멸망을 보여 주는 채색 삽화가 있다. 이 책은 기쁨의 정원garden of delights이란 뜻으로 여성에 의한 세계최초의 백과사전이며 더구나 채색 삽화까지 있다는 점에서 인문학의 고전이라 할 수 있다.

삽화를 보면 머리 일곱을 가진 거대한 붉은 용에 올라탄 음녀가 두 천사의 창에 찔려 땅으로 고꾸라지고 있다. 이를 바라보고 있는 음녀제국을 추종하

던 왕들과 바벨론으로 더불어 치부한 상인들과 선박 무역상들이 불타는 연기를 보며 울며 애통해 하고 있다.

> "이르되 화 있도다 화 있도다 큰 성이여 세마포 옷과 자주 옷과 붉은 옷을 입고 금과 보석과 진주로 꾸민 것인데 그러한 부가 한 시간에 망하였도다"계 18:16–17상

이들이 부르던 바벨론 멸망에 대한 애가는 로마제국을 비롯한 역사상 제국의 흥망을 바라보던 우리 모두가 되새겨 보아야 할 애가이다.

란츠베르크의 헤라트, 〈바벨론의 멸망〉, 호르투스 델리키아룸(기쁨의 정원), 1167–1185

아마겟돈 전쟁

므깃도에서 일어날 인류 최후의 대결전 요한계시록 16장하

사도 요한이 밧모섬에서 받은 계시는 역사의 종말에 있을 사건들에 대한 하나님의 자기현현, 즉 자기계시를 이른다. 우리나라에서는 '묵시록'默示錄 묵묵할 묵, 보일 시, 기록할 록이라고도 부르는데 이는 말 없이 잠잠하게 보여 준다는 뜻의 글로서 비밀스런 성격을 나타내는 표현이다.

그리스도가 재림하기 전에 마지막까지 하나님을 모독하는 짐승의 표666를 받은 자들에 대한 대접재앙 일곱 가운데 이제 여섯째 재앙이다. 이 재앙은 그리스도가 재림하기 전 인류 최후의 결전을 초래할 아마겟돈 전쟁을 우리에게 보이고 있다.

유프라테스 강의 마름과 로마제국의 멸망

"여섯째 천사가 그 대접을 큰 강 유프라테스에 쏟으니, 강물이 말라 버려서, 해 돋는 곳에서 오는 왕들의 길이 마련되었습니다."계 16 : 12, 새번역

여섯째 대접재앙은 유프라테스 강이 말라버리는 이변으로부터 시작된다. 유프라테스 강은 서부아시아에서 가장 긴 강약 1,700마일으로 이스라엘과 역사적으로 숙적인 앗시리아Assyria와 바빌론Babylon과의 국경을 이룬 강이다. 요한이 계시록을 기록할 즈음에는 팔레스타인이 로마제국의 속국이었으므로 이 강은 로마의 동쪽 국경으로 그 강 맞은편에는 유프라테스 강에서 인도의 인더

스 강까지의 넓은 지역을 활솜씨가 뛰어난 파르티아인Parthian이 정복해서 차지하고 있었다.

'강이 마른다'는 것은 이스라엘이 가나안을 들어갈 때 홍해와 요단강이 마른 것과 같이 하나님의 구원을 연상시키는 말이다. 여기서도 하나님께서 택한 백성을 괴롭히는 로마를 멸망시키기 위해 "해 돋는 곳(동방)에서 오는 왕들의 길이 마련되었다"는 것이다.

로마를 멸망시킬 '동방의 왕들'에 관하여 요한 당시 로마에서는 죽은 네로 황제가 살아나서 파르티아인을 거느리고 로마를 멸망시킨다는 풍문이 널리 유포되고 있었다.

세상 왕들을 현혹하여 마지막 일전을 선동하는 자들

"나는 또 용의 입과 짐승의 입과 거짓 예언자의 입에서, 개구리와 같이 생긴 더러운 영 셋이 나오는 것을 보았습니다. 그들은 귀신의 영으로서, 기이한 일을 행하면서 온 세계의 왕들을 찾아 돌아다니는데, 그것은 전능하신 하나님의 큰 날에 일어날 전쟁에 대비하여 왕들을 모으려고 하는 것입니다."계 16:13-14, 새번역

요한이 본 다음 환상은 용과 짐승과 거짓 선지자의 입에서 개구리와 같이 생긴 더러운 영이 나오는 것이었다.

요한계시록 주해서로 9세기에 저술된 베아투스 리에바나도 유명하지만, 11세기에 삽화를 첨가하여 제작한 오스마 베아투스에서는 이 말씀과 관련된 〈개구리들〉이라는 삽화를 찾을 수 있다. 죄로 물든 붉은 배경에 긴 용과 살찐 짐승, 그리고 노랑색 외투를 걸친 거짓 선지자 입에서 더러운 영을 표현한 초록색 개구리가 나오고 있다. 용은 하늘에 있던 붉은 용으로 미가엘 천사에게 패하여 땅으로 추락한 사탄이며, 짐승은 용의 하수인인 마귀로서

마르티노(필경=패트로), 〈개구리들〉, 오스마 베아투스, 1086년경, 양피지에 채식, 엘부르고데 오스마성당도서관, 스페인

거짓 선지자와 더불어 말세에 있을 적그리스도 세력을 상징한다.

개구리는 원래 유대인들이 식품으로는 금기시하는 동물이다. 말세에는 거짓 선지자들이 백성들을 현혹하여 사탄에게 경배하는 용과 짐승들과 연합전선을 형성하여 어린 양과 하나님을 대적하는 마지막 일전을 대비하기 위해 세상 왕들을 모아서 결속시킨다.

> "그 세 영은 히브리 말로 아마겟돈이라고 하는 곳으로 왕들을 모았습니다."
> 계 16:16, 새번역

아마겟돈Armageddon 전쟁이란 용과 짐승과 거짓 선지자의 더러운 세 영이 온 세계의 왕들을 아마겟돈으로 모아서 세상이 전쟁터가 되는 것을 말한다. 사도 요한이 말한 아마겟돈은 히브리말로서 번역하면 '므깃도의 산'Har-Megiddo이란 뜻이다. 므깃도는 구약시대에 엘리야 선지자와 바알신의 거짓 선지자들 사이에 대쟁투가 벌어졌던 갈멜산의 남쪽 평야에 위치한 고대도시이다. 이 지역은 이집트에서 다마스커스를 지나 유프라테스로 가는 대로에 있는 요충지로서 요시야 왕이 이집트의 바로느고와 접전하다 전사하는 등 역사적으로 유명한 전쟁터이다.

선지자 에스겔은 종말에 곡과 마곡이 하나님의 백성과 싸울 곳도 '이스라엘의 산'이라 하였는데 바로 이곳이다. 따라서 아마겟돈은 그리스도 재림 직전에 있을 하나님과 사탄의 군대, 동방에서 오는 왕들과 온 천하 임금들 간의 최후 결전장을 상징하고 있다.

16세기 페르시아 삽화로 〈곡과 마곡에 대한 알렉산더의 방벽〉이란 페르시아 미술 특유의 채색 그림이 있다. 곡과 마곡은 이스라엘 북쪽에 위치한 악인의 나라로서 마케도니아의 알렉산더 대왕의 군대와 격돌하는 장면의 삽화가 많이 남아 있다. 그림에도 보면 당시 최강의 문명국인 알렉산더의 진지가 위쪽에 보인다. 이에 반해 그 아래에는 원시인처럼 보이는 곡과 마곡인들이 머리에 돌을 이고 날라서 방어진지를 구축하고 있다. 이 악인들의 나라가 세상 끝날에 하나님과 그 백성에게 대적한다고 구약 에스겔서에도 기록되어 있다겔 38장.

아마겟돈 전쟁에 대한 대접재앙을 놓고 전쟁 상대와 전쟁터에 대한 해석이 분분하였다. 지금으로부터 약 150년 전에는 이슬람 문화권인 터키제국과 기독교 국가들 사이의 최후 전쟁으로 해석되기도 하였다. 제2차 세계대전 막바지의 냉전시대에는 소련이 이스라엘을 침공하여 무신론 공산주의와 기독교 국가들 사이의 최후 대결전이 아마겟돈 전쟁으로 해석되기도 하였다. 이 두 번의 문명과 이념의 결전장은 모두 므깃도를 비롯한 중동지역이라고 생각하였다.

아마도 종말의 아마겟돈 전쟁은 특정 세력들이 이스라엘 땅에서 싸우는 전쟁이 아니라 실제로는 사탄의 거짓 종교 세력에 미혹당한 적그리스도 국가가 상호 간에 분열과 배신으로 서로를 망하게 할 전 세계적인 전쟁으로 보는 것이 옳을 것이다.

〈곡과 마곡에 대한 알렉산더의 방벽〉, 16세기 페르시아 삽화, 체스터비티도서관, 더블린

〈용과 짐승과 거짓 선지자의 입에서 나온 개구리〉, 파쿤도 베아투스, 1047, 양피지에 채식, 마드리드국립도서관

위의 삽화는 거짓 영인 개구리가 더욱 부각되어 있다. 거대한 붉은 색 용과 짐승의 입에서 긴 네 발을 벌린 노란색 개구리가 튀어 나오고 있다. 아래쪽에 나란히 선 세 사람의 선지자 중 한 거짓 선지자의 입에서도 더러운 영인 개구리가 튀어나오고 있다.

고도 므깃도의 폐허, Ruins atop Tel Megiddo, From Wikimedia Commons

역사적인 고도 므깃도는 대결전장이 될 만큼 넓은 평원이다. 지금은 폐허가 되어 있지만 이곳이 언제 다시 전쟁터가 될지 성경학자들이 주시하는 가운데 유네스코 문화유산으로 등재되어 있다. 폐허가 된 도시 저 멀리 어렴풋이 갈멜산이 보이고 바로 옆에는 이스라엘 최북단의 큰 도시 하이파로 가는 고속도로가 보인다.

음녀 바벨론

바벨론의 멸망에 대한 일곱 환상들 요한계시록 17장

요한계시록 16장에서는 세상 끝 날에 있을 일곱 대접재앙을 보았다. 그 중에서 마지막 일곱째 대접의 내용인 바벨론의 멸망을 좀 더 상세히 보여 주기 위하여 17장부터는 사도 요한이 목격한 바벨론의 멸망에 대한 일곱 환상들을 기록하였다. 그러므로 이 부분은 요한계시록 구성의 특징인 막간환상 또는 보충환상이라 하겠다.

그 여자의 포도주에 취하였다

> "대접 일곱 개를 가진 그 일곱 천사 가운데 하나가 와서, 나에게 "이리로 오너라. 큰 바다 물 위에 앉은 큰 창녀가 받을 심판을 보여 주겠다. 세상의 왕들이 그 여자와 더불어 음행을 하였고, 땅에 사는 사람들이 그 여자의 음행의 포도주에 취하였다" 하고 말하였습니다."계 17 : 1－2, 새번역

11세기에 제작된 파쿤도 베아투스에는 〈왕과 함께 술을 마시는 큰 음녀〉란 삽화가 있다. 큰 창녀가 왕과 함께 음행을 하기 위해 큰 술잔을 높이 들고 있는 그림이다. 창녀는 그림에서 보는 바와 같이 큰 바다 물 위에 앉아 있다. '음녀가 앉아 있는 물'은 "백성들과 무리들과 민족들과 언어들이다"라고 천사 자신이 해설해 주고 있다계 17 : 15.

〈왕과 함께 술을 마시는 큰 음녀(계 17장)〉, 파쿤도 베아투스, 1047, 양피지에 채식, 285×210mm, 마드리드국립도서관

여기서 음녀는 '큰 바벨론이란 비밀의 이름'이 적혀 있지만 이는 사치와 음행으로 여러 나라를 타락시킨 이방도시 로마를 가리킨다. 술잔을 높이 든 '세상의 왕들'은 로마와 관계를 맺고 있는 모든 나라들이다. 그들은 로마의 영향으로 황제숭배 및 우상숭배에 빠진 나라들이다. 전해지는 이야기에 따르면 로마의 황제 클라우디우스의 아내 메살리나는 일국의 황후로서, 밤이면 공창에 나가 보통 창기들처럼 몸을 바치곤 했다고 하니 성적 타락의 극치를 보여 주는 제국이었다고 할 수 있다.[1)]

11세기 초에 제작된 밤베르크묵시록의 삽화 〈바빌론의 음녀〉를 보면 창녀가 빨간 짐승을 타고 금잔을 들고 있다. 이 짐승은 용을 닮았기 때문에 야수적인 힘으로 교회를 박해하는 로마의 권력을 상징한다.

그 짐승들은 하나님을 모욕하는 이름들로 가득하다 했는데 실제 로마황제들은 자신을 신이라 하는 망언도 서슴치 않았다. 아우구스투스 황제가 죽자 로마인들은 그를 '신들과 같은 자'divus라 불렀으며, 네로는 그의 화폐에서 '세상의 구주'라 하였다. 특히 기독교를 극심하게 박해한 도미시안은 '우리 주 하나님'으로 숭배되었다.[2)]

음녀가 탄 짐승이 머리 일곱과 열 뿔이 달린 모습을 본 사도 요한은 무슨 뜻인지 몰라서 심히 놀라고 있으니 천사가 요한에게 직접 해석해 주었다계 17:7. 즉, 일곱 머리는 일곱 산이요 일곱 왕이라 하였다. 로마는 흔히 일곱 산의 도시라 불리었고, 일곱 왕은 로마의 모든 임금들을 가리킨다. 또한 열 뿔은 열 왕이라고 하였는데 열은 문자적인 열 명이 아니라 마지막 날에 적그리스도 편에 서는 동방에서 오는 왕들을 포함한 세상의 많은 왕들을 가리킨다.

---

1. 박수암, 앞의 책, p. 219.
2. 박수암, 앞의 책, p. 174.

〈바벨론의 음녀〉, 밤베르크묵시록(오토3세 또는 헨리2세 용), 라이헤나우수도원(콘즈탄츠호), 1000－1020, 밤베르크 주립도서관, 독일

작가미상 스페인인, 〈어린 양이 열 왕을 이김〉, 스페인에서 제작된 채색 삽화, 1220 – 1235년경, 양피지에 채색 탬페라와 금엽, 폴게티박물관, 미국

음녀의 제국 왕들과 어린 양의 싸움

"그들이 어린 양에게 싸움을 걸 터인데, 어린 양이 그들을 이길 것이다. 그것은 어린 양이 만주의 주요 만왕의 왕이기 때문이며, 어린 양과 함께 있는 사람들이 부르심을 받고 택하심을 받은 신실한 사람들이기 때문이다" 계 17 : 14, 새번역.

스페인에서 리에바나 베아투스의 요한계시록 주해서를 13세기 초에 그린 작품으로 현재 폴게티 박물관에 소장된 〈어린 양이 열 왕을 이김〉이란 채색 삽화가 있다. 이 삽화를 보면 적그리스도 세력으로 연합한 열 왕 세상의 왕 들은 합세하여 어린 양에게 싸움을 걸게 된다. 그러나 십자가 방패를 든 천사가 뱀처럼 꼬리가 긴 열 왕을 모두 죽이고 전쟁을 이긴다. 어린 양은 만왕의 왕이신 그리스도이기 때문이다.

1520년에 간행된 루터성경에는 자줏빛 옷을 입고 붉은 짐승을 탄 〈음녀 바벨론〉이란 삽화가 있다. 짐승의 위세에 놀라 땅의 임금들과 백성들이 그에게 무릎을 꿇고 열왕들은 포도주에 취하고 그로 더불어 음행하며 하나님을 모독하는 참람한 일이 벌어졌다. 백성과 짐승 사이 저 뒤에는 천사의 설명을 들으며 사도 요한이 이 끔찍한 환상을 보고 있다.

〈음녀 바벨론〉, 루터성경(목판화에 채색), 1522년

한스 부르크마이어, 〈일곱 머리 짐승에 탄 음녀 바벨론〉, 마틴 루터의 신약성경 번역본(1522년)의 목판화(인쇄 후 채색)

마틴 루터의 신약성경 번역본1522년은 종교개혁 후 최초의 독일어 성경으로 교회사에서는 기념비적인 성경이다. 이 번역본은 중세 필사본의 전통을 이어받아 성서화를 많이 첨부하였는데 이 책에 〈일곱 머리 짐승에 탄 음녀 바벨론〉이라는 목판화가 있다. 이 목판화의 작가는 독일 아우구스부르크에서 출생한 한스 부르크마이어로서 도이치 르네상스 회화를 대표하는 화가이다. 이 그림에서 요란한 치장을 한 음녀 바벨론이 오른손에 커다란 술잔을 높이 들고 짐승을 타고 있다. 그 힘센 짐승은 일곱 개의 머리에 왕관을 쓰고 긴 꼬리를 가졌다. 구름 위에는 사도 요한이 천사로부터 멸망이 임박한 타락한 도시 바벨론과 함께한 짐승들의 종말을 듣고 놀라는 모습이 보인다.

어린 양 그리스도의 군대가 음녀 바벨론을 섬기는 열 왕들과 싸워서 이겼다. 어린 양이 음녀와 짐승, 그리고 열왕과의 전쟁에서 승리하는 모습은 16장에 기록된 아마겟돈 전쟁을 상기시켜 준다. 그리고 주님이 재림하시기 전 이 세상 마지막 큰 환난에서 어린 양이 승리하게 된다는 것을 요한에게 미리 기록하게 하여 환난을 당해도 믿음을 지키도록 우리를 위로해 주시는 말씀인 것이다.

밤의 여왕 이슈타르바벨론의 성애와 사랑의 여신, 부조, BC 19~18세기, 대영박물관, 런던

이슈타르Ishtar는 메소포타미아 종교에서 전쟁과 성애性愛의 여신이다. 육체적 사랑을 즐기는 여신으로서 매춘부의 수호신이며, 선술집의 후원자였다. 이슈타르 숭배의식에는 신전 매춘이 포함되었을 것이며, 이슈타르 숭배 중심지인 우르크는 창녀들로 가득한 도시였다.

바벨론 멸망에 대한 애가

큰 성이 다시는 보이지 아니하리라 요한계시록 18장

17장에 이어서 18장에도 바벨론의 멸망 이야기가 계속된다. 바벨론 멸망은 큰 사건이며 성도들이 바라는 것이기 때문이다.

무너졌도다. 큰 성 바벨론이여

"이 일 후에 다른 천사가 하늘에서 내려오는 것을 보니 큰 권세를 가졌는데 그의 영광으로 땅이 환하여지더라 힘찬 음성으로 외쳐 이르되 무너졌도다 무너졌도다 큰 성 바벨론이여 귀신의 처소와 각종 더러운 영이 모이는 곳과 각종 더럽고 가증한 새들이 모이는 곳이 되었도다 그러므로 하루 동안에 그 재앙들이 이르리니 곧 사망과 애통함과 흉년이라 그가 또한 불에 살라지리니 그를 심판하시는 주 하나님은 강하신 자이심이라"계 18:1-2, 8.

파쿤도 베아투스의 삽화인 〈불에 타서 멸망하는 바벨론의 심판〉에서 보면, 하늘에서 큰 천사가 내려와서 바벨론의 멸망을 선언하니 사치스러운 보석과 도자기로 가득한 웅장한 도시 바벨론이 화염에 휩싸인 채 불타오르고 있다.

부자 상인들이 울고 애통하지만

"땅의 상인들이 그를 위하여 울고 애통하는 것은 다시 그들의 상품을 사는 자

〈불에 타서 멸망하는 바벨론의 심판〉, 파쿤도 베아투스, 1047, 양피지에 채식, 297×240mm, 마드리드 국립도서관

가 없음이라 그 상품은 금과 은과 보석과 진주와 세마포와 자주 옷감과 비단과 붉은 옷감이요 각종 향목과 각종 상아 그릇이요 값진 나무와 구리와 철과 대리석으로 만든 각종 그릇이요 계피와 향료와 향과 향유와 유향과 포도주와 감람유와 고운 밀가루와 밀이요 소와 양과 말과 수레와 종들과 사람의 영혼들이라" 계 18 : 11－13

12세기에 제작된 라일랜드 베아투스에는 〈바벨론에 대한 왕과 상인들의 애가〉란 삽화가 있다. 이 그림에는 음녀의 포도주에 취했던 4인의 왕이 왕관을 쓰고 홀SCEPTRE, 통치권의 상징으로 지니던 장식용 봉이나 지팡이을 든 채 불타는 연기를 보고 울며 가슴을 치고 있고 로마와 거래하여 부를 누리던 상인들이 왕의 옆에서

〈바벨론에 대한 왕과 상인들의 애가〉, 라일랜드 베아투스, 카스티예(부루고스), 1175년경, 존 라일랜드도서관, 맨체스터, 영국

애가를 부르고 있는 모습이다. 상인들이 거래하던 상품은 보석, 고급 의류, 값진 장식품, 식료품, 그리고 동물 등 29종이다. 말씀으로 보아 로마가 얼마나 부하고 사치했던가를 보여 준다. 역사의 자료를 보아도 당시에 식사할 때 로마는 은접시를 사용하였다고 한다. 마지막 말씀에는 '종들과 사람의 영혼'을 거래했다고 했다. 이는 노예뿐만 아니라 현대와 같이 인간을 상품화하였음을 알 수 있다.

맷돌을 바다에 던지다

"이에 한 힘 센 천사가 큰 맷돌 같은 돌을 들어 바다에 던져 이르되 큰 성 바벨론이 이같이 비참하게 던져져 결코 다시 보이지 아니하리로다 또 거문고 타는 자와 풍류하는 자와 퉁소 부는 자와 나팔 부는 자들의 소리가 결코 다시 네 안에서 들리지 아니하고 어떠한 세공업자든지 결코 다시 네 안에서 보이지 아니하고 또 맷돌 소리가 결코 다시 네 안에서 들리지 아니하고"계 18:21-22

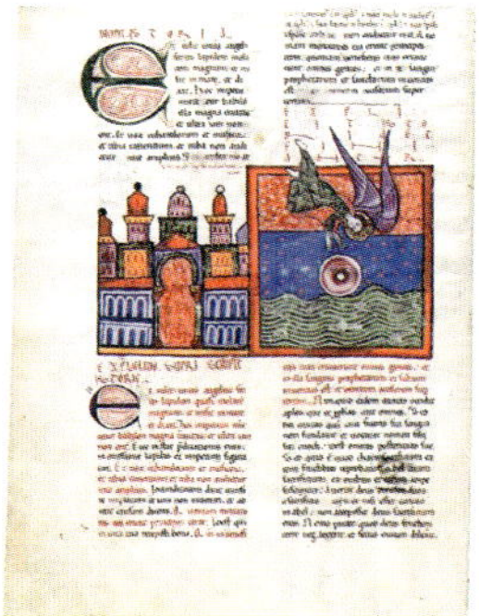

〈맷돌을 든 천사〉, 리에바나 베아투스 본, 후엘가스 묵시록, 스페인, 1220. 모건도서박물관, 뉴욕

멸망이 선언된 바벨론이 여기서 드디어 완전히 멸망하였다. "큰 성 바벨론이 이같이 비참하게 던져져 결코 다시 보이지 아니하리로다" 이는 맷돌을 던진 천사의 해설이다.

12세기 후엘가스 묵시록에는 보라색 날개를 단 천사가 둥근 맷돌을 큰 강에 던지는 〈맷돌을 든 천사〉가 실렸다. 그 옆에는 겉은 화려하나 죄악이 가득한 도시 바벨론이 보인다. 무거운 맷돌을 던지는 행위는 예레미야 선지자 시대의 시종장 스라야가 맷돌을 유프라테스 강에 던져 바벨론이 멸망한 것 같이 로마 역시 옛날의 바벨론처럼 멸망하리란 것을 상징한다.

16세기 오트하인리히 성경의 마티아스 게룽의 삽화는 바벨론의 멸망과정을 잘 보여 주고 있다. 그림 오른쪽 위에는 죄악으로 물든 바벨론을 향해 흰 말을 탄 어린 양의 군대가 하늘에서 내려오고 있다. 그 맞은편 위에는 천사가 바벨론의 멸망을 선언하자 그 아래에 보이는 두 천사 중 힘센 천사가 둥근 맷돌을 들어 던지고 있다. 마침내 도시가 불타고 있으며, 이를 목도한 세상 사람들이 애가를 부르고 있다. 그림의 왼쪽 밑에는 요한이 이 모든 과정을 지켜보고 있다.

"결코 보이지 아니하리로다"라는 엄중한 선언은 18장에서만 6회나 나와 있어 로마의 완전한 멸망을 암시해 준다. 가장 화려하고 강력한 도시였던 바벨론과 로마도 어느 날 맷돌을 맞아 불타 버렸다. 거문고와 퉁소와 나팔 소리도 다시는 들리지 않는다는 성경의 묵시를 우리는 잊지 말아야 할 것이다.

마티아스 게롱, 〈바벨론의 멸망〉, 오트하인리히 성경, 1530－1532, 바이에른 주립도서관, 뮌헨

제5부
새 하늘과 새 땅

어린 양의 혼인잔치

할렐루야 하나님을 찬양하라 요한계시록 19장

18장에서는 바벨론 멸망에 대하여 왕과 상인들과 뱃사람들이 애통한 바 있다. 이에 반해 구원받은 많은 하늘의 무리와 이십사 장로와 네 생물은 보좌에 계신 하나님께 바벨론 멸망에 대해 찬미하고 있다.

바벨론 멸망에 대한 하늘의 찬송

"또 이십사 장로와 네 생물이 엎드려 보좌에 앉으신 하나님께 경배하여 이르되 아멘 할렐루야 하니 보좌에서 음성이 나서 이르시되 하나님의 종들 곧 그를 경외하는 너희들아 작은 자나 큰 자나 다 우리 하나님께 찬송하라 하더라" 계 19:4-5

그들의 찬미는 '아멘 할렐루야'이다. 할렐루야는 신약에서는 오직 19장에서만 4회 나오는데 그 뜻은 '하나님께 찬송하라'이다. 그러므로 '아멘 할렐루야'는 '진실로 그러하옵니다. 하나님을 찬양하라'이다.

일찍이 9세기 초에 제작된 성 메다드복음서의 삽화인 〈어린 양에게 경배〉에는 네 기둥 사이로 보이는 건물에 붉은 휘장이 걸려 있는데 이는 멸망한 바벨론을 상징한다. 그 위에는 보좌의 어린 양 좌우에 서 있는 24장로와 그 아래의 네 생물천사, 사자, 송아지, 독수리이 바벨론의 멸망을 기뻐하며 어린 양에게 경배하고 있다.

〈어린 양에게 경배〉, 성 매다드복음서, 9세기 초, 프랑스국립도서관, 파리

어린 양의 혼인잔치

"천사가 내게 말하기를 기록하라 어린 양의 혼인 잔치에 청함을 받은 자들은 복이 있도다 하고 또 내게 말하되 이것은 하나님의 참되신 말씀이라 하기로 내가 그 발 앞에 엎드려 경배하려 하니 그가 나에게 말하기를 나는 너와 및 예수의 증언을 받은 네 형제들과 같이 된 종이니 삼가 그리하지 말고 오직 하나님께 경배하라"계 19:9-10상

'어린 양의 혼인잔치'는 성경에서 이곳에서만 나타나는 중요한 용어이다. 구약에서 선지자가 이스라엘 백성을 향해 "너를 지으신 이가 네 남편이시라"사 54:5상라고 선포한 것처럼 혼인은 하나님과 그의 백성 간의 밀접한 관계

〈바벨론 멸망에 대한 환희〉, 밤베르크묵시록, 라이헤나우 수도원(콘즈탄츠호), 1000–1020.
밤베르크 주립도서관, 독일

를 나타내는 말이다. 신약에서 바울은 그리스도와 교회와의 관계가 남편과 아내와의 관계와 같다고 했다.[엡 5:21-33]

11세기 초에 제작된 밤베르크묵시록의 삽화인 〈바벨론 멸망에 대한 환희〉에서 위칸에는 천사, 송아지, 사자, 독수리[시계 반대방향] 등 네 생물이 호위하는 가운데 하나님이 보좌에 앉아 계신다. 좌우에는 흰옷을 입은 천사가 양각나팔을 분다. 아래 칸에는 24장로들이 나팔 소리에 맞추어 바벨론 멸망을 기뻐하며 감사하고 있다. 그리고 하단부에는 천사가 요한에게 "어린 양의 혼인잔치에 청함을 입은 자들이 복이 있도다"라고 말하며 기록하라 한다. 요한이 기록하고 너무나 기뻐서 엎드려 천사에게 경배하려 하니 천사가 "오직 하나님께 경배하라"고 말한다.

15세기 북유럽 르네상스의 플랑드르 화파의 대표자인 얀 반 에이크의 〈신비한 어린 양께 대한 경배〉는 헨트 제단화의 중앙부분으로서 하나님과 어린 양에 대한 경배를 대형 제단화로 그린 명품이다. 병풍의 윗부분에는 강복하시는 전능하신 하나님[God Almighty]과 좌우에는 성모 마리아와 세례 요한이 하나님을 향하고 있다. 그 옆에는 노래하는 천사와 악기를 연주하는 천사들이 보좌의 하나님께 찬미하고 있다. 좌우 가장자리에는 가인과 아벨을 낳은 아담과 하와가 태초의 모습인 벌거벗은 모습으로 서 있다.

아래쪽 병풍에는 아담으로부터 내려오는 원죄를 씻으려고 이 세상에 오셔서 십자가에서 희생되신 어린 양 그리스도가 중앙제단 위에 서 있다. 어린 양은 그리스도의 희생을 설명할 수 있는 가장 좋은 상징이다. 제단의 붉은 색은 십자가의 보혈을 상징하고 푸른 초원은 새 에덴동산이다. 제단 제일 앞의 팔각형 분수대는 천국에서 마시는 생명수의 샘을 상징한다. 어린 양의 사방에는 혼인잔치에 청함을 받은 성도들이 제단 앞에 엎드려 절하는 두 천사에 맞추어 어린 양의 승리를 찬양하며 경배하고 있다. 왼편에는 구약의 선지자들이 있고, 오른편에는 신약의 성인들이 있으며 열두 제자는 중앙에서 무릎을 꿇고 있다.

이 작품은 공기원근법을 사용하여 100여 명의 인물과 50여 식물들을 다양한 색채로 표현했다. 얀 반 에이크는 이 작품을 통해 종전의 채색필사본 위주의 성서화가 얀 반 에이크에 이르러 대형 제단화Altarpiece Paintings로 교회를 장식함으로써 대중적으로 알려지게 된다.

좀더 자세히 살펴보자면 본 그림은 새로운 플랑드르 미술의 기념비적인 작품으로 에이크의 형제인 후베르트 반 에이크가 시작하였으나 사망하여 얀 반 에이크가 완성하였다. 그는 유화를 처음으로 그린 화가로 알려져 있다. 당시 화가들은 광물이나 식물에서 추출한 색체가루를 주로 계란 등에 섞어 사용하였으나 그는 안료를 최초로 기름에 섞어서 사용한 것이다. 그리고 그의 작품에는 중세회화에 쓰였던 금색 대신 자연풍경이 등장하는 사실주의에 입각하였으며, 그의 작품에 등장하는 구조물과 풍경은 공기원근법을 적용한 것으로 평가된다. 이 기법은 멀수록 채도가 낮아지고 물체 윤곽이 희미해지는 원근법으로 후에 레오나르도 다빈치가 스프마토(sfumato) 기법으로 명명하고 완성하였다.

얀 반 에이크, 〈신비한 어린 양께 대한 경배〉, 헨트 제단화, 오크 패널에 유채, 1432, 성 바보 대성당, 헨트, 벨지움

영국 장인, 〈묵시록의 그리스도〉, 1220년경, 양피지, 트리니티대학, 캠브리지

영국 트리니티 대학에 소장된 13세기 영국 장인이 유채로 그린 〈묵시록의 그리스도〉는 제목 그대로 묵시록의 중심인 그리스도의 참 모습을 보여 주는 성서화이다. 위단에는 오른쪽 모서리에 있는 천사의 부름에 따라 하늘나라로 올라간 요한이 왼쪽에 서서 보좌에 앉은 그리스도를 바라보고 있다. 그리스도 뒤로 아몬드 모양의 후광과 마름모꼴 후광이 겹쳐져 별 모양으로 빛나고 있다. 좌우에 케루빔[사람의 얼굴 또는 짐승의 얼굴에 날개를 가진 초인적 존재]이 후광을 지탱하며 사복음서 기자를 상징하는 네 생물이 주님을 증거하는 가운데 24장로들이 경배하고 있다. 옥좌에 좌정한 그리스도의 왼손에는 두루마리 성서를 들고 있는데 일반적으로는 "수고하고 무거운 짐 진 자들아 다 내게로 오라 내가 너희를 쉬게 하리라"[마 11:28]는 위로의 말씀이 기록된 성경이라고 한다. 그림의 아랫단은 어린 양의 혼인 잔치를 보여 준다. 잔칫상 가운데에 어린 양과 후광이 있는 신부가 자리 잡고 있다. 신랑이신 그리스도의 신부는 믿음을 지킨 그리스도의 교회이다.

> "할렐루야 주 우리 하나님 곧 전능하신 이가 통치하시도다 우리가 즐거워하고 크게 기뻐하며 그에게 영광을 돌리세 어린 양의 혼인 기약이 이르렀고 그의 아내가 자신을 준비하였으므로"[계 19:6하-7]

거친 세상과 로마의 고된 핍박을 온 몸으로 맞서며 부르는 그 어린 양을 사모하던 찬양, 꼭 올 것이라는 굳은 믿음으로 어린 양과의 혼인 기약을 두려움과 설렘으로 살아갔던 이들의 찬양을 다시금 상상하게 한다. 우리 그리스도인들의 삶의 근본 목적은 하나님을 찬양하고 경배하는 것이다. 하나님의 백성들에게 있어서 기쁨과 위로는 하나님께서 통치하신다는 것이다.[시 47:1] 우리가 이 땅에 사는 동안 하늘나라에서의 삶을 준비해야 한다. 그분을 기다리며 우리가 살고, 소망해야 할 가장 복된 삶이 무엇인지 생각해 보게 한다.

안토니우스 휴슬러, 〈구원의 알레고리〉, 1539 – 1561, 50.8×38.5cm, 빌헬름궁박물관, 카셀, 독일

구원의 본질을 잘 설명한 그림이다. 십자가에 달리신 예수와 십자가에서 흘리신 피를 상징하는 붉은 옷을 입고 십자가를 가리키는 세례 요한이 중심에 서 있다. 있다. 세례 요한 옆에 옷을 벗은 남자는 아담이다. 중간에는 예수의 잉태를 전하는 수태고지 장면이고 십자가에 달리신 그리스도 뒤에는 성경에 기록된 구원의 핵심사건 세 장면을 볼 수 있다. 가장 원경에는 놋뱀의 기적이다. 십자가 바로 뒤에는 붉은 의상의 부활하신 그리스도가 사망과 사탄의 권세를 이기고 긴 창으로 사탄을 짓밟고 승리하신 그리스도(Christ triumphing over Death and the Devil)의 모습을 볼 수 있다. 그러므로 그리스도가 인류를 위하여 십자가에 못 박혀 돌아가신 그 대속 희생으로서 갚음이 되어 더 이상 아담의 원죄와 죄의 유전 사슬은 존재하지 않게 되었다는 것을 보여 준다.

그리스도의 재림

백마를 타신 만왕의 왕 요한계시록 19장

사탄의 세력과의 마지막 쟁투인 아마겟돈 전쟁에 승리한 그리스도는 이제 드디어 재림하신다. 이 세상 끝 날의 빛나는 클라이맥스가 요한이 본 재림, 천년왕국, 최후의 심판, 새 하늘과 새 땅에 대한 일곱 환상들이다.

불꽃 같은 눈으로 강림하시다

"또 내가 하늘이 열린 것을 보니 보라 백마와 그것을 탄 자가 있으니 그 이름은 충신과 진실이라 그가 공의로 심판하며 싸우더라 그 눈은 불꽃 같고 그 머리에는 많은 관들이 있고 또 이름 쓴 것 하나가 있으니 자기밖에 아는 자가 없고 또 그가 피 뿌린 옷을 입었는데 그 이름은 하나님의 말씀이라 칭하더라 하늘에 있는 군대들이 희고 깨끗한 세마포 옷을 입고 백마를 타고 그를 따르더라"계 19 : 11 – 14

이는 계시를 받아 기록하던 사도 요한이 하늘이 네 번째 열린 것을 본 그대로 기록한 것이다.[1)]

1. 사도 요한이 하늘이 열린 장면을 기록한 것이 네 번이다. 첫 번째(4장)는 찬란한 하늘보좌를 보았고, 두 번째(11장)는 성소 안의 언약궤를 보았으며, 세 번째(15장)는 증거 장막의 성전이 열렸고, 마지막(19장)으로는 백마를 타고 재림하시는 그리스도를 보았다.

11세기 스페인에서 제작된 오스마 베아투스의 삽화인 〈승리의 그리스도〉는 백마를 타고 재림하시는 그리스도를 선명하게 보여 준다.

재림주가 백마를 타신 것은 죄인을 형벌하기 위해 재림하는 전사로서의 메시야상이다. 그 눈은 이글거리는 불꽃 같고, 머리에는 많은 면류관이 있다. 옷은 '피뿌린 옷' 즉 홍의를 입었는데 이는 전쟁에서의 승리를 상징한다. 입에서는 예리한 칼이 나오는데 이는 심판을 행사하시는 하나님의 말씀이다.

하늘에 있는 군대들이 흰 세마포 옷을 입고 백마를 타고 따르고 있다. 그림에서 일곱 병사를 그렸는데 7은 완전수로서 수많은 천군천사를 뜻한다.

짐승과 거짓 선지자를 유황불에 던지다

"또 내가 보매 그 짐승과 땅의 임금들과 그들의 군대들이 모여 그 말 탄 자와 그의 군대와 더불어 전쟁을 일으키다가 짐승이 잡히고 그 앞에서 표적을 행하던 거짓 선지자도 함께 잡혔으니 이는 짐승의 표를 받고 그의 우상에게 경배하던 자들을 표적으로 미혹하던 자라 이 둘이 산 채로 유황불 붙는 못에 던져지고 그 나머지는 말 탄 자의 입으로부터 나오는 검에 죽으매 모든 새가 그들의 살로 배불리더라"계 19 : 19－21

이 환상은 그리스도와 적그리스도의 군대 간의 전쟁인 아마겟돈 전쟁을 다시 보여 준다. 그러므로 적그리스도의 멸망을 강조하기 위해 요한은 재림 전의 사건을 다시 한 번 본 대로 기록하였다.

마르티노(필경=패트로), 〈승리의 그리스도〉, 오스마 베아투스, 1086년경. 양디지에 채식, 부르고 데 오스마 성당(소리아), 스페인

〈짐승과의 전투〉 플랑드르묵시록, 작가 미상, 1400년경, 양피지에 채식, 프랑스국립도서관, 파리

플랑드르묵시록의 〈짐승과의 전투〉라는 채식 필사본은 그리스도 재림 전후의 사건을 연속적으로 잘 묘사하였다. 삽화는 세 칸으로 구성되어 있다. 첫째 칸 좌측에는 어린 양의 혼인잔치이며 가운데는 재림하실 그리스도가 거대한 후광인 만돌라 속에서 보좌에 앉아 있는데 성부 하나님의 보좌와 동일하게 네 생물이 호위하고 있다. 그 우측에는 한 천사가 바로 아래 그린 공중의 새들에게 아마겟돈 전쟁에서 죽은 왕들과 장군들과 장사들의 죽은 고기를 먹으러 오라고 외치고 있다.

둘째 칸에는 백마 탄 그리스도의 군대가 짐승과 거짓 선지자를 무찌르는 장면으로 왼쪽 천사의 설명을 푸른 옷의 요한이 눈을 들어 바라보며 기록하고 있다. 셋째 칸에는 백마를 탄 그리스도가 짐승의 표인 666을 받은 짐승과 거짓 선지자를 유황불 속에 던지는 장면이다. 유황불이 타는 못은 사탄의 영원한 처소인 지옥을 가리킨다.

두 번째 오신 그리스도

1700년경 그리스 장인이 제작한 〈그리스도의 재림〉이라는 매우 독특한 이콘이 있다. 그 당시 재림을 주제로 하는 그림이 희소하기에 재림을 상징하는 이야기를 담고 있다는 점에서 유명하다. 삼색의 둥근원을 중심으로 장엄한 노랑색 원형 속에는 재림한 그리스도가 보좌에 앉아 택한 백성에게 강복하고 있다. 보좌 둘레의 위쪽에는 황금 언약궤를 대제사장과 네 생물이 지키고 있으며, 좌우에는 천사와 사도가 둘러서고 그 아래에는 십자가를 사이에 두고 성인들이 경배하고 있다.

이콘의 아래 부분에는 그리스도의 재림 후 펼쳐질 새 하늘과 새 땅을 그렸는데 여기에 그리스도의 재림과 관련한 두 이야기를 묘사하고 있다. 중앙에는 아름다운 나무와 꽃이 만발하다. 왼쪽에는 사복음서마다 기록된 부자와 거지 이야기에 나오는 '아브라함의 품'the Bosom of Abraham이 그려져 있다. 거지 나사로가 부자의 상에서 떨어진 것을 먹고 살다가 죽어서는 아브라함의 품에 들어가고 부자는 음부에 떨어져 물 한 방울을 애원하며 인색하게 살았던 삶을 후회한 내용이다.

오른쪽에는 십자가를 든 회개한 강도가 있다. 골고다 언덕에서 예수님이 달린 십자가의 좌우에는 강도 둘도 십자가에 달렸다. 하나는 예수를 비방하나 다른 강도는 비방한 강도를 꾸짖고 회개한 후 예수께 아뢰니 약속의 말씀을 받는다.

> "예수여 당신의 나라가 임하실 때에 나를 생각하소서 하니 예수께서 이르시되 내가 진실로 네게 이르노니 오늘 네가 나와 함께 낙원에 있으리라 하시니라"눅 23 : 42 – 43

작가미상, 〈그리스도의 재림〉, 그리스 이콘, 1700년경, 목판에 석고 템페라, 34.5×27cm, 개인소장

피에트로 페루지노, 〈그리스도의 승천〉, 베드로성당 제단화, 1496–1500, 리옹미술관, 프랑스

하늘로 가심을 본 그대로 오시리라

페루지노의 15세기 말 유화인 〈그리스도의 승천〉을 보면 많은 제자들이 쳐다보는 가운데 예수님은 천군 천사의 호위 속에 하늘로 승천하고 있다. 사도행전에서는 예수님의 승천장면을 이렇게 기록하였다.

> "올라가실 때에 제자들이 자세히 하늘을 쳐다보고 있는데 흰옷 입은 두 사람이 그들 곁에 서서 이르되 갈릴리 사람들아 어찌하여 하늘을 쳐다보느냐 너희 가운데서 하늘로 올려지신 이 예수는 하늘로 가심을 본 그대로 오시리라 하였느니라"행 1:10–11

"하나님의 나팔소리 천지진동할 때에 예수 영광 중에 구름 타시고 천사들을 세계만국 모든 곳에 보내어 구원 받은 성도들을 모으리 나팔 불 때 나의 이름 나팔 불 때 나의 이름 나팔 불 때 나의 이름 부를 때에 잔치 참여하겠네"찬송가 180장

우리는 요한이 계시한 대로 주님의 재림이 가까우므로 아브라함의 품을 사모하며 회개한 강도가 받은 약속을 잊지 말고 이 찬송의 마지막 소절을 음미하며 하나님의 나팔 소리를 기다리며 살아야 할 것이다.

천년왕국

계시록 이해의 중심인 천년왕국설 요한계시록 20장

요한계시록 20장은 천년왕국설, 사탄의 멸망, 최후의 대심판 등 종말론의 중요한 신학이론들의 기초가 되는 내용들이 기록된 장이다. 특히 계시록을 이해하기 위해서는 꼭 알아야 할 천년왕국설의 근거가 되는 내용이 기록되어 있다. 중세 이후로 계속된 성서 연구가들의 천년왕국설의 논쟁이 끊이지 않는 중요한 부분이다.

사탄을 천년 동안 무저갱에 가둠

"또 내가 보매 천사가 무저갱의 열쇠와 큰 쇠사슬을 그의 손에 가지고 하늘로부터 내려와서 용을 잡으니 곧 옛 뱀이요 마귀요 사탄이라 잡아서 천 년 동안 결박하여 무저갱에 던져 넣어 잠그고 그 위에 인봉하여 천 년이 차도록 다시는 만국을 미혹하지 못하게 하였는데 그 후에는 반드시 잠깐 놓이리라"계 20:1-3

11세기 초 독일에서 제작된 밤베르크묵시록의 삽화인 〈짐승의 결박과 방면〉은 사탄을 결박하여 무저갱에 가두는 장면을 묘사하였다. 삽화는 두 칸으로 되어 있는데 위의 그림은 하늘에서 내려온 천사가 거대한 용사탄과 거짓 선지자의 목과 손목에 큰 쇠사슬을 묶어서 유황불이 타고 있는 무저갱에 던져 가두고 있다. 다시는 만국을 돌아다니며 미혹하지 못하도록 무저갱을 단

〈짐승의 결박과 방면〉. 밤베르크묵시록, 라이헤나우 수도원(콘즈탄츠호), 1000－1020. 밤베르크 주립도서관, 독일

단히 인봉하여 감금한 것이다.

아래 그림은 천년 동안 유황불이 이글거리는 무저갱에 있던 용과 거짓선지자를 최후의 심판을 받게 하도록 잠시 천사가 끌어내 풀어 주고 있다. 용도 타락한 천사의 모습으로 한쪽 날개가 남아 있다.

천년 동안 무저갱에 감금한 것은 바로 그 시기에 하나님의 인침을 받은 성도들이 부활하여 그리스도와 함께 왕 노릇하는 천년왕국 시대이기 때문이다.

부활한 성도들의 천년왕국

"또 내가 보좌들을 보니 거기에 앉은 자들이 있어 심판하는 권세를 받았더라 또 내가 보니 예수를 증언함과 하나님의 말씀 때문에 목 베임을 당한 자들의 영혼들과 또 짐승과 그의 우상에게 경배하지 아니하고 그들의 이마와 손에 그의 표를 받지 아니한 자들이 살아서 그리스도와 더불어 천 년 동안 왕 노릇하니 (그 나머지 죽은 자들은 그 천 년이 차기까지 살지 못하더라) 이는 첫째 부활이라"계 20:4-5

요한이 하늘 보좌에서 심판하는 권세를 받아 그리스도와 더불어 천년 동안 왕 노릇하는 사람들을 보고 기록하였다. 그 영광된 자리에 앉은 사람은 그리스도에게 충성하여 순교한 자와 짐승과 우상에게 경배하지 않고 이마와 목에 짐승의 표666를 받지 아니한 성도들로서 주님의 재림 때에 부활한 성도이다.

14세기에 프랑스 노르망디 지역에서 프랑스어로 쓴 묵시록으로 현재 뉴욕 메트로폴리탄박물관의 분원으로 중세 필사본의 보고인 클로이스터스에서 소장하고 있는 클로이스터스묵시록에는 아름다운 삽화가 값이 수록되어 있다. 이중 〈첫째 부활〉은 무덤 속에 누워 있던 옷을 걸치지 않은 영혼들이 부활하여 일어나 무덤을 헤치고 나와서 재림하신 주님을 영접하는 장면을 보여 준다.

첫째 부활한 성도들이 하나님과 그리스도의 제사장이 되어 "그리스도와 더불어 천 년 동안 왕 노릇하리라"는 구절은 천년왕국설의 결정적인 근거가 되는 용어이다. 천년왕국설Millennialism이란 요한계시록의 중심적인 선과 악의 구도인 하나님의 나라와 음녀 바벨론의 대립의 종국 언저리에 있을 시기로, 그 시기와 기간에 대한 다양한 의견은 있지만 그럼에도 불구하고 천년왕국이 실제적으로 인간의 이상향이 그리스도를 중심으로 이루어진다고 믿는 하나의 학설이다. 이 학설의 성경적 근거는 구약의 이사야65장, 다니엘2장, 아모스9장와 에스겔, 스가랴 등에 있는 신학사상으로서 요한계시록이 그대로 이어받아 완성한 것이다.

이마와 손에 짐승의 표를 받는 것으로 표현되는 이 시대의 여러 우상에게 숭배하지 아니하고 재림주를 기다리며 살다가 주님의 때에 '첫째 부활'에 참여해야 한다. 그리하여 천년왕국에서 그리스도와 더불어 제사장으로 일하는 삶을 소망하며 살고 싶다.

천년왕국설

천년왕국설Millennialism은 요한계시록의 결론부에 위치한 두 가지 중요한 사건, 곧 '천년왕국'과 '예수님의 재림' 중 시간적으로 어떤 사건이 우선하는지와 관련한 것으로 대체로 세 가지 학설이 지배적이다.

무천년설Amillennialism은 요한계시록에서 언급하는 천년왕국을 문자적이기보

〈첫째 부활〉, 클로이스터스묵시록, 1330년경, 노르망디, 프랑스, 양피지에 금은 브라운 채색, 클로이스터스(메트로폴리탄 분원), 뉴욕

다는 상징적으로 해석해야 한다는 입장이다. 이와 같은 입장은 기독교의 전통적인 입장으로, 천년왕국이 일회적인 사건과 함께 찾아오는 완전히 새로운 체계의 세계가 아니라, 그리스도의 초림 이후 약속된 재림을 기다리는 시대, 곧 지금 우리가 사는 '복음의 시대'를 의미한다는 입장이다. 따라서 이 학설에 따르면 우리는 지금도 일상 속에서 하나님께서 통치하시는 나라를 소망하고 경험하며 살아간다. 이런 학설은 성경을 문자적으로 해석함으로 발생할 수 있는 오류를 최소화하고 성경 전체를 일관된 시각으로 읽어 낼 수 있는 장점을 갖고 있다. 이 학설의 대변자로는 어거스틴Augustine, 칼뱅J. Calvin, 벌코프L. Berkhof 등이 있다.

후천년설Postmillennialism은 시간적으로 천년왕국이 예수의 재림에 선행한다는 입장이다. 후천년설은 천년이라는 시간을 문자적으로 해석한다는 데에는 전천년설과 공통점이 있지만 이것이 예수님의 재림에 시간적으로 앞선다는 점에서는 무천년설과 유사하다. 후천년설을 주장하는 학자들은 대환난의 시기를 거치며 세상에서는 악이 점점 사라지고 선이 흥하게 될 것이며, 이후 천년왕국과 예수님의 재림이 순차적으로 이어진다는 주장한다. 이 학설의 특징은 시대가 점진적으로 악해지고 있다는 부정적인 전망보다는 성령의 역사하심 속에 복음이 확장되고 교회는 부흥할 것이라는 긍정적인 시각을 견지하는 데 있다. 이 같은 학설을 지지하는 대표적인 학자로는 핫지C. Hodge, A. A. Hodge, 브라운D. brown, 댑니Dabney 등이 있다.

전천년설Premillennialism은 예수의 재림을 천년왕국 전으로 보는 견해로서, 후천년설과는 '천년'을 문자적으로 이해하는 공통점이 있지만 반대로 세상을 부정적으로 전망한다. 악으로 가득한 세상과 하나님의 통치가 있을 천년왕국 사이에 위치한 예수의 재림은 세상에 대한 심판과 이 땅의 성도들에 대한 보상이 필연적일 수밖에 없음을 보여 준다. 특별히 전천년설은 예수님의 재림의 방식 및 몇 가지 해석학적 차이에 따라 역사적 전천년설후환난적 전천년설과 세대주의적 전천년설전환난적 전천년설로 나뉜다.

세대주의적 전천년설은 예수의 재림과 관련하여 '이중의 재림'을 전제로 한다. 이 학설은 데살로니가전서 4:16~17에 근거하여 대환난이 있기 전 성도들은 공중에 재림한 그리스도에게 휴거되고 이 땅에서 벌어지는 7년의 대환난 이후에 성도들은 예수와 지상에 재림하여 천년왕국을 건설한다는 견해이다. 대표적인 학자로는 달비S. Darby, 켈리W. Kelly, 스코필드C. I. Scofield 등이 있다.

역사주의적 전천년설은 예수의 재림이 천년왕국에 선행하지만 세대주의적 해석과는 달리 예수의 재림은 지상에서만 일회적으로 일어난다고 본다.

이 학설에 따르면 성도들은 세대주의적 전천년설과는 달리 대환난의 때를 불신자들과 함께 통과하며, 그 환난 후에 주의 재림과 함께 성도들은 그를 영접하기 위해 휴거되며, 이후 그들은 주님과 함께 지상에 내려옴으로 천년왕국이 실현된다는 견해이다. 대표적인 학자로는 벵겔J. A. Bengel, 랑게J. P. Lnage, 고뎃F. Godet 등이 있다.

이렇듯 천년왕국과 예수의 재림과 관련하여 천년왕국설에 대한 다양한 해석이 있지만, 그들이 일관되게 말하고자 하는 것은 무엇인가? 요한계시록의 중심축을 이루는 천년왕국설은 많은 신학자들이 역사적으로 논의를 거쳐 확립된 이론으로 신조나 교리에 관한 문제가 아니라 성경 해석에 관한 문제이기 때문에 어느 설이 정론이라고 할 수는 없다. 요한계시록이 작성될 당시 성도들은 로마라는 거대한 우상에 맞서 한낱 먼지처럼 사라져 버릴 음녀 바벨론이 다스리는 세상의 노예로 살기를 거부하고 천상에서 울려 퍼지는 예배에 자신들의 기도의 향을 금 대접에 담아 어린양께 올려 드리고계 5:8, 영원히 서게 될 새 하늘과 새 땅에서 어린양의 신부로 살 것을 소망하며 살았다.계 21:22-23

성경은 마지막 때를 준비하는 성도들을 가리켜 넉넉한 기름과 등을 가지고 신랑을 맞을 준비를 하는 처녀와 같다고 한다.마 25:1 우리는 밤에 도둑같이 이를 주의 날을 기다리며살 5:2, 등불에 기름을 채우며 경건의 삶을 살아가야 할 것이다.

최후의 심판

생명책에 기록된 자의 영광 요한계시록 20장

그리스도의 재림으로 이 세상은 현세가 끝나고 성도들이 그리스도와 더불어 왕 노릇하는 인간의 이상향인 천년왕국이 천년간 이루어진다. 천년왕국 시대가 지나면 최후의 심판이 내려져 새 하늘과 새 땅에서 영생하는 하나님의 백성과 영원히 멸망하는 사탄의 무리들이 최종적으로 결정된다.

곡과 마곡이 미혹한 사탄의 멸망

요한이 천년왕국 후에 본 환상은 최후의 대심판The Last Judgment 중 우선 사탄부터 멸망하는 환상이다.

> "천 년이 차매 사탄이 그 옥에서 놓여 나와서 땅의 사방 백성 곧 곡과 마곡을 미혹하고 모아 싸움을 붙이리니 그 수가 바다의 모래 같으리라 그들이 지면에 널리 퍼져 성도들의 진과 사랑하시는 성을 두르매 하늘에서 불이 내려와 그들을 태워버리고 또 그들을 미혹하는 마귀가 불과 유황 못에 던져지니 거기는 그 짐승과 거짓 선지자도 있어 세세토록 밤낮 괴로움을 받으리라"계 20:7-10

천년이 차면 사탄은 결박에서 해방된다. 사탄은 그 본성대로 곡과 마곡을 통해 세계를 다시 미혹하려 하다가 하늘의 불에 의해 곡과 마곡은 소멸당하

작가미상, 〈성스러운 도시를 포위 공격하는 사탄의 무리들〉, 구프랑스묵시록 1220－1270, 툴루즈, 남부 프랑스, 툴루즈시립도서관

고 사탄은 불못에 던져져 멸망하는 환상을 요한이 기록하고 있다.

13세기에 제작된 구프랑스묵시록에는 〈성스러운 도시를 포위 공격하는 사탄의 무리들〉이란 삽화가 있다. 천년왕국이 끝난 후 최후의 심판을 받기 위해 잠시 결박에서 풀려난 사탄이 다시 성도를 공격한다. 최후의 발악을 하는 사탄이 끌어들인 군대는 긴 창과 화살을 든 갈쿠리 코를 가진 곡과 마곡의 군대라고 해석하고 있다.

이 악인들의 나라가 세상 끝 날에 하나님과 그 백성에게 대적한다고 에스겔서에도 기록되어 있다[겔 38장]. 이들 적그리스도 세력이 연합하여 성도와 싸움을 하다가 하나님의 직접적인 심판인 하늘의 불을 맞고 유황못에 던져져 영원히 멸망하게 된다.

전 인류에 대한 최후 심판

사탄이 영원히 멸망하는 최후의 심판 다음에는 전 인류에 대한 심판이 이어진다.

> "또 내가 크고 흰 보좌와 그 위에 앉으신 이를 보니 땅과 하늘이 그 앞에서 피하여 간 데 없더라 또 내가 보니 죽은 자들이 큰 자나 작은 자나 그 보좌 앞에 서 있는데 책들이 펴 있고 또 다른 책이 펴졌으니 곧 생명책이라 죽은 자들이 자기 행위를 따라 책들에 기록된 대로 심판을 받으니 바다가 그 가운데에서 죽은 자들을 내주고 또 사망과 음부도 그 가운데에서 죽은 자들을 내주매 각 사람이 자기의 행위대로 심판을 받고 사망과 음부도 불못에 던져지니 이것은 둘째 사망 곧 불못이라 누구든지 생명책에 기록되지 못한 자는 불못에 던지더라" 계 20:11-15

클로이스터스묵시록의 삽화인 〈최후의 심판〉에서 보면 아몬드 모양의 큰 광휘인 만돌라 속에 그리스도가 좌정해 있다. 그 머리 위에 보이는 하늘은 땅과의 경계가 모호하게 그려져 있다. 이는 성경의 기록대로 새 하늘과 새 땅이 나타나기 전에 지금까지의 하늘과 땅이 붕괴되는 장면을 보여 준다.

요한이 왼쪽에 앉아 지켜보니 죽은 자들이 모두 살아나 앞에 놓인 책을 들고 읽고 있다. 책의 종류로 최후의 심판 때 신자나 불신자 모두가 참여하므로 모든 사람의 행위를 기록한 '책들'과 구원받은 성도들의 이름을 기록한 생명책인 '다른 책' 두 가지가 있다.

생명책에 기록된 성도들은 이미 첫째 부활에 참여하여 재림주를 영접한 바 있으나 여기서는 죽은 자 가운데서 불신자를 포함한 모든 사람이 살아나는 둘째 부활을 통해 모두 자기 행위를 따라 심판을 받게 된다. 그림의 오른

〈최후의 심판〉, 클로이스터스묵시록, 1330년경, 노르망디, 프랑스, 양피지에 금은 브라운 채색, 클로이스터스 (메트로폴리탄 분원), 뉴욕

슈테판 로흐너, 〈최후의 심판〉, 1435년경, 오크에 템페라 다폭제단화, 발라프 리하르츠미술관, 쾰른, 독일

쪽에서 최후 심판결과 사망과 음부의 세력인 사탄과 추종자들이 유황불이 이글거리는 불못에 던져지는 '둘째 사망'에 처해진다.

15세기 독일 화가인 슈테판 로흐너의 〈최후의 심판〉은 현세와 사후 세계의 분기점을 보여 주는 유명한 성서화이다.

이 그림은 '영광 중의 그리스도'Christ in Majesty와 '최후의 심판', 두 영역으로 나눌 수 있다. 그림 위 패널에는 사탄의 세력을 이기고 영광 가운데 재림한 예수님이 루비색 로브를 입고 쌍무지개 위에 앉아 있다. 그 좌우에는 최후의 십자가를 지킨 자수정 예복의 마리아와 에메랄드빛 옷을 입은 성 요한이 기도하는 자세로 무릎을 꿇고 있다. 예수님은 오른손을 들어 천국으로 들어가는 성도들에게 축복하고 있으며, 왼손은 영원한 형벌을 받는 죄인들을 가리키며 저주하고 있다. 예수님이 입은 붉은 색 로브는 윗단이 열려 있어 십자가 수난의 상징인 못과 창 자욱이 보인다.

예수님 좌우에는 많은 보랏빛 천사들이 내려오는데 그들 일부는 아르마 크리스티arma Christi를 들고 있다. 아르마 크리스티는 기독교 미술에서 예수의 십자가 수난 도구들Instrument of the Passion인 십자가, 사다리, 기둥, 긴 창, 그리고 신 포도주를 적신 해면 등을 가리키며, 사탄과 싸울 때의 무기Weapons of Christ이기도 하다. 예수님의 발 아래에는 두 천사가 최후의 심판을 알리는 나팔을 불고 있다.

아래 패널에는 가운데 부분에 무덤에서 깨어나 심판을 기다리는 자들이 있고, 그 좌우에는 성서화 도상의 특징 중의 하나인 선악의 대칭구도를 보이고 있다. 왼쪽에는 최후의 심판에서 구원 받은 성도들을 천사들이 천국문으로 안내하고 있다. 천국문은 좁은 문이며 그 앞에 천국열쇠를 든 베드로가 영접하고 있다. 오른쪽에는 지옥행이 결정된 죄인들에게 마귀들이 달려들어 유황불이 이글거리는 구덩이로 끌고 가 밀어 넣고 있다.

폴란드의 그단스크국립미술관이 소장하고 있는 플랑드르의 화가 한스 멤링의 세 폭 제단화인 〈최후의 심판〉은 세상 끝 날의 준엄한 심판을 잘 보여주는 성서화이다. 중앙 패널 상단은 옥좌에 앉은 예수의 도상으로 슈테판 로흐너의 작품과 유사하다. 이 그림의 특이한 점은 공작새의 날개를 한 미가엘 천사장이 저울을 들고 무덤에서 부활한 영혼의 무게를 다는 도상이 있다는 점이다. 악인의 저울 접시에는 마귀가 매달리고 있으나 선한 영혼은 저울 속에서 손을 모으고 기도하는 자세로 무릎을 꿇고 있다. 저울이 선한 영쪽으로 기울어진 영혼은 좌측 패널의 천국 문으로 인도되어 천사들의 환영을 받는다. 그러나 악한 영혼은 우측 패널인 지옥의 유황불 속으로 떨어진다.

중세 교회에서는 기독교 신자들에게 최후의 심판 날에는 미가엘 대천사가 영혼의 무게를 달아 최후의 심판을 한다는 교리를 강조하였다. 이러한 영혼의 무게달기 도상을 '사이코스타시아'psychostasia라 한다. 이는 이슬람의 점령 이후 전쟁과 기근과 페스트 등에서 기인한 유럽인의 종말론적 위기의식이 최후의 심판이란 도상으로 확장한 것으로 보인다.

욥기에서 주인공 욥은 '하나님이 내 정직함을 공평한 저울로 달아 보시면 내게 흠이 없음을 아실 것'이라고 맹세하고 있다. 하나님은 저울에 달듯이 우리의 모든 행위를 판단하신다. 그런 의미에서 한스 멤링이 최후의 심판에 그린 저울은 우리 삶의 한 척도가 되어야 할 것이다.

한스 멤링, 〈최후의 심판〉, 세 폭 제단화, 1466-1473년경, 패널에 유채, 그단스크국립미술관, 폴란드

새 하늘과 새 땅

다시는 사망과 눈물이 없으리라 요한계시록 21장상

사탄과 그 추종자에 대한 최후의 심판이 끝나고 이제 새 하늘과 새 땅의 황홀한 광경이 펼쳐진다. 요한계시록에는 지금까지 많은 환상들이 나타났으나 드디어 마지막 환상에 이르렀다. 새 하늘과 새 땅의 환상은 일찍이 이사야 선지자가 예언한 환상이었고사 65-66장 모든 성도들이 바라고 소망했던 일이다.

새로운 질서의 세상

"또 내가 새 하늘과 새 땅을 보니 처음 하늘과 처음 땅이 없어졌고 바다도 다시 있지 않더라 또 내가 보매 거룩한 성 새 예루살렘이 하나님께로부터 하늘에서 내려오니 그 준비한 것이 신부가 남편을 위하여 단장한 것 같더라 내가 들으니 보좌에서 큰 음성이 나서 이르되 보라 하나님의 장막이 사람들과 함께 있으매 하나님이 그들과 함께 계시리니 그들은 하나님의 백성이 되고 하나님은 친히 그들과 함께 계셔서 모든 눈물을 그 눈에서 닦아 주시니 다시는 사망이 없고 애통하는 것이나 곡하는 것이나 아픈 것이 다시 있지 아니하리니 처음 것들이 다 지나갔음이러라"계 21:1-4

요한은 예전의 하늘과 땅이 아닌 질적으로 완전히 다른 새 질서의 세상을 보았다. 그 동안 용이 거주하던 바다도 없는 별천지이다. 뿐만 아니라 하늘로부터 내려온 아름다운 새 예루살렘이 우뚝 세워져 있다.

14세기 프랑스 노르망디에서 제작된 클로이스터스묵시록의 삽화인 〈새 예루살렘〉에 의하면 요한이 천사의 설명을 들으며 하늘을 보니 해와 달이

〈새 예루살렘〉, 클로이스터스묵시록, 1330년경, 노르망디, 프랑스, 양피지에 금은 브라운 채색, 클로이스터스 (메트로폴리탄 분원), 뉴욕

사라지고 있다. 그리고 지금 막 하늘로부터 내려오는 새 예루살렘을 보고 놀라서 손을 들어 가리키고 있다. 땅에 있던 바다를 보니 물이 잦아들어 곧 바다가 사라지게 되었다.

새 예루살렘은 일반적인 도시나 건물이 아니라 하나님의 백성들이 영원히 사는 하나님의 도성을 가리킨다. 그곳에는 하나님의 장막이 사람들과 함께 있으니 이는 에덴동산의 모습과 같다. 우리가 일반적으로 '천당'이라고 말하는 새 하늘과 새 땅에 세워진 '새 예루살렘'은 현세의 인간들이 피할 수 없었던 고통과 슬픔이 사라진 곳이다. 왜냐하면 사람과 함께하시는 하나님이 모든 인간의 "눈물을 그 눈에서 닦아 주시니 다시는 사망이 없고 애통하는 것이나 곡하는 것이나 아픈 것이 다시 있지 아니한" 곳이기 때문이다.

내가 만물을 새롭게 하노라

"보좌에 앉으신 이가 이르시되 보라 내가 만물을 새롭게 하노라 하시고 또 이르시되 이 말은 신실하고 참되니 기록하라 하시고 또 내게 말씀하시되 이루었도다 나는 알파와 오메가요 처음과 마지막이라 내가 생명수 샘물을 목마른 자에게 값없이 주리니 이기는 자는 이것들을 상속으로 받으리라 나는 그의 하나님이 되고 그는 내 아들이 되리라"계 21:5-7

"보라 내가 만물을 새롭게 하노라." 보좌에 앉으신 하나님께서 새 시대의 새 질서를 천명하는 첫 말씀을 하셨다. 그리고 요한에게 기록하라고 명하셨다.

〈보좌에 앉은 그리스도〉, 고데스칼크의 전례용 복음서, 781－783년경, 310×210cm, 파리 국립도서관

중세 카롤링조朝[2]의 채색 필사본인 카롤루스 대제의 전례용 복음서의 삽화인 〈보좌에 앉은 그리스도〉에는 새 예루살렘성을 배경으로 그리스도가 하늘 보좌에 정좌해 계신다. 그리고 "보라 내가 만물을 새롭게 하노라" 하시며 새 예루살렘을 선포하셨다. 왼손에 두루마리 성경을 들고 오른손으로 강복하는, 인간에게 복을 내리는 '전능하신 하나님'의 구도이다.

후광이 빛나는 영화로운 그리스도의 좌우 배경에는 'IHS XPS'라는 명문이 있는데 이는 헬라어로 '예수 그리스도'라는 의미이다.[3]

말씀을 보면 재림한 주님은 이어서 "다 이루었다. 나는 알파와 오메가다"라고 하신다. 태초에 천지와 인간을 창조하신 하나님은 이제 새 예루살렘을 내리심으로 처음이요 마지막인 하나님임을 기억하라는 것이다.

후엘가스묵시록의 삽화 중 〈오비에도의 승리의 십자가〉가 유명하다. 두 천사는 십자가와 창 그리고 해면 등 십자가 수난의 도구들을 들고 있다. 그리고 어린 양이 지고 있는 승리의 십자가 아래에는 알파와 오메가 글자가 선명히 보인다.

승리의 십자가의 유래는 이슬람을 물리친 스페인의 알폰소 10세가 10세기 초에 오비에도의 산살바도르 성당에 기증한 십자가인데 알파와 오메가 글자가 들어가 있는 것이 특징이다.

---

2. 카롤루스 대제의 전례용 복음서 사본은 프랑코의 카롤루스(샤를마뉴) 대제와 황비 히르데갈도(783 사망)의 명으로 고데스칼크가 마인츠에서 781~783년에 제작한 가장 오래된 카롤링거 미술을 보여 주는 복음서이다.
3. IHS는 헬라어로 예수의 앞 세 글자로 예수(Ihsou)의 약어이다. 그런데 훗날 라틴어로는 'IesusHominumSalvator', 즉 인류의 구원자이신 예수라는 새로운 의미가 부여되었다. IHS는 JHS로 쓰기도 하는데 여기서 예수(Iesus)를 지저스(Jesus)라고 부르게 된 것이다. 그리고 XPS 또는 XPC는 헬라어로 CHRISTUS(그리스도)의 약어이다.

〈오비에도의 승리의 십자가〉, 리에바나 베아투스 본, 후엘가스묵시록, 스페인, 1220년, 모건 도서박물관, 뉴욕

존 마틴, 〈새 하늘과 새 땅〉(최후의 심판 세폭 제단화 일부), 1851－1853, 캔버스에 유채, 테이트 미술관, 런던

새 하늘과 새 땅에 사는 천국 시민에게는 목마른 자에게 값없이 주시는 생수의 샘물을 영원한 상속으로 내려주셨다. 그리고 "나는 그의 하나님이 되고 그는 내 아들이 되리라."고 약속하셨다. 새 하늘과 새 땅을 바라보고 갈급한 마음으로 구하는 자가 천국 시민이 된다.

새 예루살렘

영광이 가득한 빛나는 도성 요한계시록 21장

새 하늘과 새 땅을 바라본 사도 요한은 너무나 감격하여 하늘로부터 내려오는 찬란한 새 예루살렘the New Jerusalem을 자세히 보지 못하였다. 그러자 일곱 대접재앙으로 음녀 바벨론을 멸망시켰던 그 천사가 나섰다. 바벨론과 정반대의 영원한 도성 예루살렘성을 요한에게 친절히 설명하기에는 적격인 셈이다.

하나님의 영광이 가득한 거룩한 성

"일곱 대접을 가지고 마지막 일곱 재앙을 담은 일곱 천사 중 하나가 나아와서 내게 말하여 이르되 이리 오라 내가 신부 곧 어린 양의 아내를 네게 보이리라 하고 성령으로 나를 데리고 크고 높은 산으로 올라가 하나님께로부터 하늘에서 내려오는 거룩한 성 예루살렘을 보이니 하나님의 영광이 있어 그 성의 빛이 지극히 귀한 보석 같고 벽옥과 수정같이 맑더라"계 21:9-11

클로이스터스묵시록의 삽화인 〈새 예루살렘으로 인도된 요한〉에는 일곱 대접재앙을 집행했던 그 천사가 요한을 불러서 높은 산으로 데리고 갔다. 왼손을 들어 하늘에서 내려오는 거룩한 성 예루살렘을 가리키며 보여 주고 있다. 천사가 보여 준 "신부 곧 어린 양의 아내"는 하나님의 백성인 교회가 아니고 그 교회가 거할 하나님의 도성이었다.

〈새 예루살렘으로 인도된 요한〉, 클로이스터스묵시록, 1330년경, 노르망디, 프랑스, 양피지에 금은 브라운 채색, 클로이스터스 (메트로폴리탄 분원), 뉴욕

하늘에 떠 있는 새로운 천국

"크고 높은 성곽이 있고 열두 문이 있는데 문에 열두 천사가 있고 그 문들 위에 이름을 썼으니 이스라엘 자손 열두 지파의 이름들이라 그 성의 성곽에는 열두 기초석이 있고 그 위에는 어린 양의 열두 사도의 열두 이름이 있더라 그 성은 네모가 반듯하여 길이와 너비가 같은지라 그 갈대 자로 그 성을 측량하니 만 이천 스다디온이요 길이와 너비와 높이가 같더라 그 성곽을 측량하매 백사십사 규빗이니 사람의 측량 곧 천사의 측량이라"[계 21:12-17]

리에바나 베아투스본의 하나인 후엘가스묵시록의 삽화 〈천국의 예루살렘〉을 보면 새 예루살렘의 외모와 크기와 재료를 알 수 있다. 새 예루살렘성의 중앙에는 십자가를 멘 어린 양이 있고 천사가 요한에게 자세히 설명하고 있다. 어린 양 그리스도는 천국 시민들과 함께하시는 천당의 하나님이다.

그 성에는 열두 문이 있는데 그림에서 보는바와 같이 세 명의 천사가 사방에 배치되어 모두 열두 천사가 지키고 있고, 그 문 위에는 이스라엘 열두 지파의 이름이 있다. 벽옥으로 쌓은 성곽에는 열두 기초석이 있는데 모두 귀한 보석으로 되어 있다. 그 기초석 위에는 어린 양의 열두 사도의 이름이 새겨 있다. 구약의 열두 지파를 계승한 신약의 십이 사도를 배치한 것은 신구약을 통한 하나님의 모든 백성의 출입문임을 암시하고 있다.

성은 네모가 반듯한 정사각형이다. 성전 내 지성소와 같이 정사각형은 완전과 안정을 상징한다. 즉 새 예루살렘은 하나님이 계시는 완전하고 안정된 처소임을 뜻한다.

새 예루살렘성의 크기는 12,000스타디온[stadion]이라고 기록되어 있다. 일만 이천을 상징적 숫자로 해석하면 12[성도의 수]×1,000으로, 성도와 관련된 완전

〈천국의 예루살렘〉, 리에바나 베아투스본, 후엘가스묵시록, 스페인, 1220. 모건도서박물관, 뉴욕

을 상징한다. 그러므로 성도가 살기에 충분한 크기란 것이다.[4] 12,000스타디온이 상징적이거나 가공적인 숫자가 아니라 실재의 크기라는 해석도 유력하다. 스타디온은 올림픽의 발상지인 그리스의 경기장 트랙 길이를 표시하는 단위로서 1스타디온은 600피트[180m] 정도이다. 그러나 요한이 살던 로마시대에는 요즘과 같이 경기장을 스타디움[stadium]으로 불렀으며, 트랙의 길이는 607피트[185m]였다고 한다.[5] 그러므로 로마시대의 일만 이천 스타디온을 문자적으로 보면 약 2,200km에 해당한다.

그러나 그 정도의 규모가 아니다. 새 예루살렘성의 규모는 한 변이 2,200km인데 길이가 너비와 높이도 2,200km인 완전한 정육면체[cube]의 거대한 구조물이다.[6] 지금의 예루살렘에서 스가랴서[9:1]에 기록된 다메섹까지의 길이로 된 입체공간이라는 것이다.[7]

2천 년 전의 사도 요한의 기록인데 문자적으로 보면 그 규모가 상상할 수 없이 크고 완벽하다는 점에서 놀라고 또 놀랄 뿐이다.

해와 달이 없어도 빛나는 도성

"그 성은 해나 달의 비침이 쓸 데 없으니 이는 하나님의 영광이 비치고 어린 양이 그 등불이 되심이라 낮에 성문들을 도무지 닫지 아니하리니 거기에는 밤이 없음이라 사람들이 만국의 영광과 존귀를 가지고 그리로 들어가겠고 무엇이든지 속된 것이나 가증한 일 또는 거짓말하는 자는 결코 그리로 들어가

4. 박수암, 앞의 책, p. 272.
5. https : //en.wikipedia.org/wiki/Stadium
6. Kenneth Barker, 'The NIV STUDY BIBLE'(MI : ZondervanPublishingHouse, 1995), p. 1948.
7. 김철손, 「성서주석 요한계시록」(서울 : 대한기독교서회, 2010), p. 373.

마티아스 게롱, 〈하늘나라의 예루살렘〉, 오트하인리히 성경, 1530–1532. 바이에른 주립도서관, 뮌헨

16세기 전반에 독일에서 제작된 오트하인리히 성경에 있는 삽화이다. 천사의 인도로 요한은 높은 바위에 올라가 하늘로부터 내려오는 새 예루살렘 도성을 바라보고 있다. 도성 앞에는 에덴동산을 연상시키는 푸른 초장이 있다. 천국 열쇠를 들고 성문을 지키는 천사가 무저갱에서 풀려난 짐승들을 쫓아내고 있다. 어린양의 군대가 사탄과의 마지막 싸움에서 승리한 후 최후의 심판을 하여 구원받은 성도들이 영생할 처소가 새 예루살렘임을 보여 주고 있다.

지 못하되 오직 어린 양의 생명책에 기록된 자들만 들어가리라"계 21:23-27

11세기 파쿤도 베아투스의 삽화 〈새 예루살렘〉을 보면 새 예루살렘의 영화로움이 눈앞에 선하게 보인다. 성 가운데에는 신비한 보석으로 수놓은 적황색 모자이크 바닥 위에 십자가를 진 어린 양이 있고 그 옆에는 측량 자를 들고 있는 천사가 맞은편의 묵시 기록을 들고 있는 사도 요한에게 새 예루살렘을 설명해 주고 있다. 어린 양 상하좌우에는 열두 지파와 열두 사도를 상징하는 열두 천사가 머리에 아름다운 보석을 이고 있어 빛이 난다. 이 삽화는 볼로냐 대학의 기호학 교수인 움베르토 에코Umberto Eco의 〈미의 역사〉에서 중세 미술의 비례와 균형, 그리고 빛으로 가득 차 있는 아름다운 중세 필사본으로 소개된 유명한 세밀화이다.[8)]

새 예루살렘성은 해와 달이 비치지 않아도 빛나는 도성이다. 하나님과 그리스도가 계시므로 그의 영광의 빛으로 인해 더 이상 다른 빛이 필요 없는 곳이다. 또 그 천국은 낮뿐이고 밤이 없어 성문이 항상 열려 있다. 악한 자나 침략자도 없으므로 성문을 닫을 필요가 없는 곳이다. 문이 활짝 열려 있어도 속된 것이나 가증한 일 또는 거짓말하는 자는 결코 들어갈 수 없고, 오직 어린 양의 생명책에 기록된 자들만 들어간다. 인류의 오랜 역사를 통해 많은 성도들이 기도하며 소망하던 영화로운 천국 도성이다.

---

8. 움베르토 에코, 이현경 옮김, 「미의 역사」(서울 : 열린책들, 2011), p. 78.

〈새 예루살렘〉, 파쿤도 베아투스, 1047. 양피지에 채식, 297×240mm, 마드리드 국립도서관

새로운 에덴동산

생명수 강가에 늘어선 생명나무 요한계시록 22장

우리는 요한계시록의 종점을 향해 가고 있다. 사도 요한의 환상을 통해 우리가 소망하던 천국을 자세히 보고 있다. 새 예루살렘처럼 거대한 도성만이 아니라 생명수의 강이 흐르고 꽃과 과일이 풍성한 생명나무와 새와 동물이 뛰노는 태초의 낙원을 회복한 새로운 에덴동산The New Eden을 만나면 성도의 기쁨은 절정에 달하게 된다.

생명수의 강과 생명나무

"또 그가 수정같이 맑은 생명수의 강을 내게 보이니 하나님과 및 어린 양의 보좌로부터 나와서 길 가운데로 흐르더라 강 좌우에 생명나무가 있어 열두 가지 열매를 맺되 달마다 그 열매를 맺고 그 나무 잎사귀들은 만국을 치료하기 위하여 있더라"계 22:1-2

후엘가스묵시록의 삽화인 〈생명수의 강 위의 보좌에 앉은 그리스도〉는 중세 필사본의 채색 삽화 중 가장 아름다운 그림의 하나로 꼽힌다. 머리에 후광이 빛나는 그리스도는 왼손에 두루마리 성경을 들고 있으며, 오른손으로 생명수의 강 원천인 둥근 물줄기를 가리키고 있다. 푸른 물줄기는 또한 그리스도를 감싸는 거대한 전신후광인 '만돌라'mandorla로서의 역할도 하고 있다.

보좌 좌우에는 새 예루살렘성에 살게 된 구약의 선지자와 신약의 사도로

〈생명수의 강 위의 보좌에 앉은 그리스도〉, 리에바나 베아투스본, 후엘가스묵시록, 스페인, 1220, 모건도서박물관, 뉴욕

랭브르형제, 〈태초의 에덴동산〉, 베리공의 매우 화려한 기도서, 1411－1416, 콩대박물관, 프랑스

표현된 구원 받은 성도들이 성경을 들고 주님 보좌를 향해 찬송과 경배를 하고 있다. 그 아래에는 천사가 검은 바위산으로 인도한 사도 요한에게 이 모든 광경을 보여 주고 있다. 그림의 중앙에는 보좌로부터 시작된 푸르른 생명수의 강이 흐르고, 강의 좌우에는 생명나무가 꽃을 피우고, 많은 열매를 맺고 있다. 수정같이 맑은 생명수의 강과 생명나무를 요한에게 보임으로써 천국이 태초의 에덴동산을 재현한 곳임을 상기시킨다.

새 에덴동산에 사는 자가 누릴 축복

"다시 저주가 없으며 하나님과 그 어린 양의 보좌가 그 가운데에 있으리니 그의 종들이 그를 섬기며 그의 얼굴을 볼 터이요 그의 이름도 그들의 이마에 있으리라 다시 밤이 없겠고 등불과 햇빛이 쓸 데 없으니 이는 주 하나님이 그들에게 비치심이라 그들이 세세토록 왕 노릇 하리로다"계 22:3-5

중세 채식필사본 중에서 가장 아름다운 '베리공의 매우 화려한 기도서'Lles tres riches heures du duc de berry의 삽화인 〈태초의 에덴동산〉은 플랑드르의 미니아튀르Miniature, 세밀화 화가인 랭브르Limbourg 3형제가 1413~1416년 베리공을 위해 제작하였다.

〈태초의 에덴동산〉은 한 도판에 4개 장면을 담고 있다. 왼쪽에는 금단의 나무를 휘감고 여인의 몸으로 변신하여 유혹하고 있는 뱀으로부터 이브하와가 선악과를 받고 있다. 다음은 꽃이 핀 초원에 한쪽 다리를 꿇고서 사랑스런 모습으로 이브를 바라보는 아담에게 이브가 사과를 건네준다. 세 번째 장면은 이 사과를 먹은 그들이 눈이 밝아져 자기들의 몸이 벗은 줄을 알게 되었고, 푸른 옷을 입은 하나님 앞에서 책망을 듣고 있다. 오른편의 마지막 장면은 붉은 날개가 빛나는 대천사가 에덴동산으로부터 아담과 이브를 쫓아내는 실락원을 그렸다.

태초의 에덴동산에 있던 생명나무는 아담과 하와에게 그 열매를 먹지 못하게 했던 나무이다. 그러나 새 에덴동산에 사는 자는 생명나무 열매를 먹고 영생한다. 그러므로 새 에덴동산에서의 열매는 금단의 열매가 아니라 영생의 열매이다. 그리고 성도의 이마에 하나님의 이름이 있어 영원한 하나님의 백성이 되고, 다시는 밤이 없고 하나님의 영광으로 밝게 빛나는 곳에서 영생하는 축복을 받게 된다.

수정같이 맑은 생명수 샘

> "이는 보좌 가운데 계신 어린 양이 그들의 목자가 되사 생명수 샘으로 인도하시고"계 7 : 17상

생명수는 계시록에서 여러 번 기록된 영원한 세계의 시민이 받을 축복이다.

〈생명수 샘〉 삽화에는 가운데 예수님의 십자가로부터 샘솟은 생명수가 창세기의 에덴동산에서 발원한 비손과 기혼과 힛데겔, 그리고 유프라데스의 네 강처럼 흘러내려 강이 되어 그림 외각을 따라 흐르고 있다. 그 강 언덕에는 생명나무가 자라고 있으며, 공작새를 비롯한 각종 새와 사슴이 샘물 옆에서 번성하는 모습이다. "너희 목마른 자들아 물로 나아오라 돈 없는 자도 오라"사 55 : 1상고 하던 이사야의 예언과 기원은 새 에덴동산의 생명수 강에서 드디어 완성되었다.[9)]

---

9. 이사야 55장의 제목이 개역개정성경은 '하나님의 긍휼'이며, 미국 NIV성경은 '목마른 자들을 초대하심'(Invitation to the Thirsty)이다. 허기진 배를 채우려고 뒷산에 올라 참꽃과 잔대를 캐먹다가 옹달샘에서 목을 축이곤 하던 어렵게 살던 시절을 떠오르게 한다. 그래서 마르지 않는 샘물은 나에게는 더 큰 의미로 남는다.

〈생명수 샘〉, 고데스칼크의 전례용 복음서, 781－783년경, 310×210cm, 파리국립도서관

〈생명수의 강〉, 밤베르크묵시록, 세밀화, 라이헤나우 수도원(콘즈탄츠호), 1000－1020, 밤베르크 주립도서관, 독일

11세기 초에 제작된 밤베르크묵시록의 세밀화인 〈생명수의 강〉은 단순한 구도이지만 생명수의 강의 발원지가 바로 새 예루살렘 성에 좌정하신 그리스도의 보좌임을 잘 보여 주고 있다. 요한계시록 22 : 1하~2상의 "하나님과 및 어린 양의 보좌로부터 나와서 길 가운데로 흐르더라"를 그림으로 묘사한 것이다. 그림 아래 부분에서는 요한이 천사로부터 두 천사가 모시는 보좌에 앉은 그리스도의 발 아래에서부터 흐르는 생명수의 강과 강 양쪽 언덕에 자라는 열두 가지 열매를 맺는 생명나무에 관한 설명을 듣고 있다. 생명수의 강이 보좌로부터 발원하는 것은 일찍이 구약의 에스겔 선지자가 보았던 성전 문지방에서 흘러나와 제단을 거쳐 동쪽으로 흘러 사해바다로 흘러들어가 많은 고기를 소생시키는 거룩한 강의 환상[겔 47장]과 동일하다.

우리는 주일마다 사도신경으로 나의 신앙을 고백한다. "……하늘에 오르시어 전능하신 아버지 하나님 우편에 앉아 계시다가 거기로부터 살아 있는 자와 죽은 자를 심판하러 오십니다……"라는 신앙고백을 큰 축복으로 알고 평생을 살아왔다. 그러다가 약 40여 종의 중세 요한계시록 필사본을 통해 천국의 모습을 생생하게 묘사한 채색 삽화를 대하면서 가슴 속에 희미하던 천국의 실체가 조금씩 더 짙게 자리 잡게 되었다. 고요한 산 속 수도원에서 일평생 성경을 필사하면서 그림을 그려 넣으며 성경을 읽어 보지 못한 뭇 사람들을 감동시켰던 이름 모를 필경사들의 기도가 천년을 지나 어리석은 자에게도 다시 눈을 뜨게 하는 신비를 경험하게 한 것이다.

〈천사의 발 앞에서 하나님의 마지막 명령을 받는 요한〉, 리에바나 베아투스 본(本), 후엘가스 묵시록, 스페인, 1220, 모건도서박물관, 뉴욕

요한계시록에 대한 증언들

나는 다윗의 뿌리요 광명한 새벽 별이라 요한계시록 22장상

요한계시록 22장은 편집후기에 해당하는 증언과 권면의 말씀이다. 대체로 이 책의 권위를 증언하는 천사와 그리스도, 그리고 요한 등 5개 항의 증언이 있다. 이 증언의 요점은 이 예언은 신실하며 참되므로 교회에서 읽어야 하며, 성도들을 격려하는 데 목적이 있음을 밝힌 것이다.

천사의 증언

화려한 계시의 장면은 지나고 요한은 혼자 다시 지상에 남게 되었다. 다만 그의 곁에는 오직 그를 지금까지 안내하던 천사만 남아 있다. 그 천사는 참고사항들을 알린다.

> "또 그가 내게 말하기를 이 말은 신실하고 참된지라 주 곧 선지자들의 영의 하나님이 그의 종들에게 반드시 속히 되어질 일을 보이시려고 그의 천사를 보내셨도다 보라 내가 속히 오리니 이 두루마리의 예언의 말씀을 지키는 자는 복이 있으리라 하더라"계 22:6

후엘가스묵시록의 삽화인 〈천사의 발 앞에서 하나님의 마지막 명령을 받는 요한〉에서 요한은 지금까지 안내해 준 천사에게 경배하려고 발 앞에 엎드렸다. 그러나 천사는 선지자들처럼 종에 불과하니, 오직 저 위 보좌에 계

〈악인들을 패배시키는 역천사들〉. 밤베르크묵시록, 라이헤나우 수도원(콘즈탄츠호), 1000－1020. 밤베르크 주립도서관, 독일

시는 하나님께만 경배하라고 만류하였다. 아래에 혼자 서 있는 요한은 기도의 대상에 대한 자신의 실수까지 기록하고 있다. 천사가 증언하기를 이 예언들은 하나님의 말씀이니 신실하고 참된 것이라고 강조하였다. 그리고 그리스도께서 직접 당부한 "보라 내가 속히 오리니 이 두루마리의 예언의 말씀을 지키는 자는 복이 있으리라"고 요한에게 전해 주었다.

그리스도의 증언

"보라 내가 속히 오리니 내가 줄 상이 내게 있어 각 사람에게 그가 행한 대로 갚아 주리라 개들과 점술가들과 음행하는 자들과 살인자들과 우상숭배자들과 및 거짓말을 좋아하며 지어내는 자는 다 성 밖에 있으리라"계 22:12, 15

밤베르크묵시록의 〈악인들을 패배시키는 역천사들〉을 보면 힘이 센 역천사과거 가톨릭의 천사 분류로서 제5계급들이 긴 십자가 창을 들고 거짓 선지자 등 악인들의 손목을 잡아 눕히고 죄가 드러난 알몸을 밟고 있다. 더럽고 악한 개 같은 남창들과 점술가와 음행하는 자와 살인자, 우상숭배자들과 거짓말 잘하는 자 등이 역천사가 붙잡는 대상이다. 창조주알파이시며 재림 날의 심판주오메가이신 그리스도는 각 사람에게 그가 행한 대로 상벌을 주신다.

예수 자신의 증언

"나 예수는 교회들을 위하여 내 사자를 보내어 이것들을 너희에게 증언하게 하였노라 나는 다윗의 뿌리요 자손이니 곧 광명한 새벽 별이라 하시더라"계 22:16

예수님은 스스로 새벽 별이요 이새의 뿌리라고 하셨다. 그리스도는 환난의 긴 밤을 종식시키고 새로운 세상을 여는, 즉 성경에서 많은 선지자들이 예언한 이새의 뿌리임을 스스로 증언하고 있다. 15세기 후반에 드레스덴기도서[10]의 장인이 필사한 이사벨라 성무일도서에는 〈수태고지와 이새의 나무〉라는 아름다운 삽화가 있다. 이 성서화는 우선 가브리엘 대천사가 처녀 마리아에게 나타나 '보라 네가 수태하여 아들을 낳으리니 그 이름을 예수라 하라'고 알려 주는 수태고지Annunciation의 모습이 전면에 배치되어 있다. 이새의 나무the tree of Jesse에는 다윗 왕의 아버지인 이새가 옥좌에 앉아 잠들고 있는데 그의 등으로부터 한 나무가 뻗어 올라가고 있다. 다윗과 솔로몬 왕 등 후손 임금 12인은 모두 왕의 복장을 한 채 나뭇가지에 피어난 꽃봉오리 위에 반신상으로 앉아 있다. 나무 꼭대기에는 아기 예수를 안은 성모가 서 있고, 그 정상에는 꽃봉오리 가운데 후광에 싸인 예수님이 있다. 메시야는 다윗 왕의 혈통으로 오실 것임을 의미한다.

요한의 증언

"내가 이 두루마리의 예언의 말씀을 듣는 모든 사람에게 증언하노니 만일 누구든지 이것들 외에 더하면 하나님이 이 두루마리에 기록된 재앙들을 그에게 더하실 것이요 만일 누구든지 이 두루마리의 예언의 말씀에서 제하여 버리면 하나님이 이 두루마리에 기록된 생명나무와 및 거룩한 성에 참여함을 제하여 버리시리라"계 22:18-19

---

10. 성무일도서(Breviary)는 가톨릭교회의 성직자와 수도자들이 매일 올리는 전례적 기도서(Divine Office)이다. 시편, 찬미경, 독서, 기도문으로 꾸며져 있으며 통칭 경본(經本)이라고 한다. 트리덴티노 공의회 이후 교황 비오 5세가 1568년 Breviarium Romanum이란 이름으로 정식 성무일도서를 냈으며, 제2차 바티칸 공의회 후 바오로 6세는 아침 찬미 기도(Laudes)와 저녁기도(Vesperae)를 중점으로 시과전례(時課典禮, Liturgiahorarum)라 개칭하였다(1971).

드레스덴기도서의 장인, 〈수태고지와 이새의 나무〉, 이사벨라 성무일도서, 15세기 후반. 영국 국립도서관, 런던

도메니키노, 〈복음서 기자 성 요한〉, 1624–1629, 캔버스에 유채, 영국국립미술관, 런던

요한은 하나님의 계시를 받아 기록한 계시의 말씀을 가감하지 말고 믿음을 지켜 예수의 재림을 기다리라고 엄하게 증언하였다.

17세기 이탈리아의 초기 바로크시대 화가인 도메니키노 잠피에리의 삽화인 〈복음서 기자 성 요한〉을 보면 밧모섬에 유배된 사도 요한의 눈은 하늘을 향해 있다. 어린 천사 둘이 어깨 위에 짊어진 요한계시록 위에 요한은 펜을 들고 하늘의 환상을 세밀하게 기록하고 있다. 그의 다리 앞에는 복음서 저자이기도 한 요한을 상징하는 검은 독수리가 보인다. 이 유화는 도메니키노가 당대 최고의 풍경화가였음을 실감나게 한다.

묵시는 그 묵시를 본 사람만의 비밀이므로 타인들은 그 진실성을 의심할 수 있다. 그래서 요한은 마지막 증언에서 이 편지가 절대적으로 진실한 것임을 재차 증언하며, 누구든지 이 계시의 내용을 가감하지 말 것을 엄격하게 강조하고 있다. 우리는 이 요한계시록에 기록된 말씀을 가벼이 여기면 새 예루살렘에서 영생하는 보증인 생명책에서 이름을 지워버리겠다는 경고를 잊지 말아야 할 것이다.

〈주님 앞의 요한〉, 클로이스터스묵시록, 1330년경, 노르망디, 프랑스, 양피지에 금은 브라운 채색, 클로이스터스(메트로폴리탄 분원), 뉴욕

마라나타

주 예수여 오시옵소서 요한계시록 22장하

사도 요한이 밧모섬에서 환상 중에 받은 예수 그리스도의 계시는 "반드시 속히 될 일"이었다[계 1:1]. '속히'란 말은 예언자적 견지에서 하나님의 심판은 언제나 지체되지 않고 임하기 때문에 쓰는 표현이다. 요한의 묵시록 마지막의 계시도 "진실로 속히 오리라"이다.

내가 진실로 속히 오리라

"이것들을 증언하신 이가 이르시되 내가 진실로 속히 오리라 하시거늘 아멘 주 예수여 오시옵소서 주 예수의 은혜가 모든 자들에게 있을지어다 아멘"
계 22:20-21

클로이스터스묵시록의 삽화인 〈주님 앞의 요한〉을 보면 긴 묵시의 마지막으로 하늘이 이제 막 옛 하늘에서 새 하늘로 변화하는 가운데 요한은 그리스도 앞에 무릎을 꿇었다. 그리고 그리스도의 마지막 말씀을 기다렸다.

"내가 진실로 속히 오리라[Yes, I am coming soon]"

주님이 다시 이 땅에 재림하신다는 말씀은 짧다. 그러나 '진실로' 라는 표현에는 실로 우주적인 단호함이 있다.

"속히 오리라"는 말씀은 계시록에서 4회나 반복해서 말씀하신 묵시의 결정체이다.

베아투스 리에바나의 요한계시록 주해서에 가장 먼저 삽화를 추가한 필사본은 10세기 스페인의 에스코리알 베아투스이다. 이 책에 실린 삽화인 〈하나님께 예배와 마지막 현현〉은 바로 계시록의 마지막 장면을 그린 것이다.

둥근 원형의 전신후광[만돌라] 속 보좌에 계신 그리스도는 천사가 좌우에서 옹위하고 있다. 요한은 그리스도의 발아래 얼굴을 숙이고 엎드렸다. 그때까지는 하나님의 얼굴을 마주 본 사람은 살 수 없었기 때문이다. '현현'[顯現 Theophany]이란 하나님이 자신을 드러내는 것으로 그리스도는 요한 앞에 마지막으로 나타나 속히 오시겠다고 말씀하셨다.

아멘. 마라나타

요한은 즉시 응답했다. "아멘. 주 예수여 오시옵소서."[Amen. Come, Lord Jesus]

"아멘"은 '주님의 말씀대로 이루어지소서'라는 뜻이다. 아람어로 '마라나타'[Maranatha]는 '주께서 임하신다' 또는 '주여, 오시옵소서'라는 뜻으로 당시 초대교회가 예배 시에 사용하던 어구였다. 계시록의 요한뿐만 아니라 바울도 고린도 교회에 편지를 끝내면서 이 말을 하였다[고전 16:22]. 인류 구속의 역사는 그리스도의 다시 오심[재림]으로 완성된다는 기원이었다.

〈하나님께 예배와 마지막 현현〉(계시록 22장), 에스코리알 베아투스, 양피지에 채식, 950-955년경, 150×180mm, 엘 에스코리알 국립도서관, 산 로렌조, 스페인

16세기 한스 부르크마이어가 그린 성서화를 보면 요한이 밧모섬에서 하늘에 나타난 하나님을 바라보고 있다. 요한의 상징인 독수리가 발 앞에서 그를 쳐다보고 있으며, 열매가 달린 종려나무 가지에는 가브리엘 천사를 상징하는 앵무새가 보인다. 여기에 그린 진귀한 동물들도 요한계시록의 증인들이다.

주 예수가 다시 오시면 이 세상이 어떻게 달라질까? 이것이 계시록이 우리에게 다짐하는 묵시의 핵심이다. 옛 하늘과 옛 땅은 첫 아담과 그의 후예들의 세계이며, 우리가 입고 있는 옛 몸과 함께 사라질 세계다. 새 하늘과 새 땅은 마지막 아담이신 그리스도의 세계요, 그리스도와 함께 소생하는 새 인류의 영원한 부활세계이다. 그리스도인들은 마지막 아담과 함께 도래할 하나님의 새 하늘과 새 땅에서 새 몸을 입고 영원히 살아갈 부활세계의 새 백성들이다.[11)]

11. 성종현, 「신학총론」(서울 : 장로회신학대학 출판부, 1991), p. 270.

한스 부르크마이어(1473 – 1531), 〈밧모섬의 복음서 기자 요한〉, 1518, 153×125cm, 알테 피나코테크, 뮌헨

〈밧모섬의 요한〉, 클로이스터스묵시록, 1330년경. 노르망디, 프랑스, 양피지에 금은 브라운 채색, 30.8 X 22.9cm 클로이스터스 (메트로폴리탄 분원), 뉴욕

클로이스터스묵시록의 삽화인 〈밧모섬의 요한〉은 로마제국의 핍박으로 절해고도이며 유배지로 악명을 날리던 밧모섬에 유배된 요한의 모습을 보여준다. 여기서 그는 열린 하늘로 불려 올라가 찬란한 환상을 통해 하늘나라의 비밀을 보았을 뿐만 아니라 천사가 전해주는 묵시의 마지막 계시까지 듣고 기록하고 있다.

주 예수의 은혜가 모든 자들에게

"주 예수의 은혜가 모든 자들에게 있을지어다. 아멘." 요한은 이 긴 묵시록의 대미를 장식하는 '마라나타'를 기도한 후 마지막 인사를 한다. 이 계시록은 편지 형식을 취했기 때문에 값없이 주시는 주 예수의 은혜가 일곱 교회는 물론 세상의 교회들과 이 묵시를 읽는 모든 사람들에게 베풀어지기를 아멘으로 기원한 것이다.

도메인

제1부 세상의 교회들은 들으라

일곱 촛대 사이에서 들려오는 소리
–알파와 오메가이신 그리스도

Cosimo Tura Ferrara(1430–1495), *St John the Evangelist on Patmos*, circa 1470, tempera on panel, 27×32cm, Thyssen–Bornemisza Museum, Madrid, From Wikimedia Commons

〈John Receives the Book of Revelation〉, The Bamberg Apocalypse, the monastery of Reichenau (Lake Constance), 1000–1020, Bamberg State Library, German, From Wikimedia Commons

the Son of Man among the seven lampstands, the Bamberg Apocalypse, From Wikimedia Commons

Simon Vouet, The Crucifixion, 1622, Church of Jesus, Genoa

Alpha and Omega, Facundus Beatus, 1047. Illumination on parchment

너의 첫 사랑을 버렸느니라
–소아시아 일곱 교회에 보낸 편지

The Son of Man and St. John with the seven angels, Flemish Apocalypse, Anonymous, circa 1400, illumination on parchment 27.7×18.5cm,

Bibliothèque nationale de France, Paris, From Wikimedia Commons

Hans Baldung(1485–1545), *German painter and printmaker, Saint John the Evangelist on Patmos*, circa 1511, oil, gold and white metal on spruce wood, 89.5×76.8cm, Metropolitan Museum of Art, From Wikimedia Commons

Letter To The Church Of Ephesus, Beatus of Liébana, *Las Huelgas Apocalypse, Spain,* 1220, Pierpont Morgan Library, New York, Medieval Illuminations from the Morgan

The Agora of Smyrna, Izmir, Turkey, From Wikimedia Commons

Unknown, *Half–length portrait of Saint Antipas of Pergamum,* Second half of 13th century, 58.2×44.9cm, Saint Catherine's Monastery, Sinai(Egypt), From Wikimedia Commons

너는 차지도 않고 뜨겁지도 않다

–너는 가련하고 벌거벗은 것을 알지 못하는구나

Byam Shaw, *Jezebel*, 19th century, Russell–Cote Art Gallery and Museum, Bournemouth, England, From Wikimedia Commons

Letter To The Church Of Sardis, Las Huelgas Apocalypse, the Monasterio de Las Huelgas de Burgos, Spain, 1220, parchment, Pierpont Morgan Library, New York

John writes to the Church at Laodicea, The Bamberg Apocalypse, the monastery of Reichenau (Lake Constance), 1000–1020, Bamberg State Library, German, From Wikimedia Commons

Wiliam Holman Hunt, *The Light of the World*, 1853–1854, oil on canvas, 125×60cm, Keble college, Oxford, From Wikimedia Commons

Martinus,(Scribe=Petrus) *Great Theophany*, Apocalypse XII, Osma Beatus, Burgo de Osma, Archive of the Cathedral, Spain, From Wikimedia Commons

제2부 책의 비밀봉인을 뜯을 때

요한이 바라본 하늘나라 보좌

Gustave Doré, *Dante and Beatrice gaze upon the highest heavens*, illustrations to the Divine Comedy, 1892.

Vision of the Lamb, the four cherubim and the 24elders, the Facundus–Beatus, 1047, 300×245mm, Biblioteca Nacional, Madrid, From Wikimedia Commons

Matthias Gerung John's Vision of Heaven, Ottheinrich–Bibel, 1530–1532, Bayerische Staatsbibliothek, Munchen, From Wikimedia Commons

Limbourg brothers, *Saint John on Patmos*, Très Riches Heures du Duc de Berry, 1411–1416, tempera on vellum, Height: 29×21cm, Conde Museum, From Wikimedia Commons

Rembrandt(1606–1669), *The evangelist Matthew and the angel*, 1661, oil on canvas, 96cm×81 cm, Louvre–Lens, From Wikimedia Commons

세상 마지막의 여섯 가지 징조

White Rider of war, Tolkovy Apocalypse, Illuminated page, 17th century, Moscow, From Wikimedia Commons

Martinus,(Scribe=Petrus), *The four riders*, Apocalypse XII, Osma Beatus, Burgo de Osma, Archive of the Cathedral, Spain, From Wikimedia Commons

The pale horse and death, Detail of the second part of the first tapestry of the

Apocalypse Tapestry of Angers, 1373－1382. Angers, France, From Wikimedia Commons

The Fifth Seal, The Douce Apocalypse, Bodleian Library, Oxford, Great Britain, From Wikimedia Commons

El Greco, *The Vision of Saint John, or The Opening of the Fifth Seal*, from 1608 until 1614, oil on canvas, 222.3×193cm, Metropolitan Museum of Art, New York City, United States of America

The Sixth Seal, Lorvão Beatus, Portugal , 1189.

선택 받은 십사만 사천 명

The Chosen 144,000 and Angels holding the winds. Facundus Beatus, 1047. Illumination on parchment, 330 x230 mm, Biblioteca Nacional, Madrid, From Wikimedia Commons

Adoration Of The Lamb, The Sealed, And The Elect, Las Huelgas Apocalypse. Beatus of Liébana, 1220. Spain, Pierpont Morgan Library, new york, Medieval Illuminations from the Morgan

Martinus,(Scribe=Petrus) *The 144,000 Elect*, Apocalypse XII, Osma Beatus, Burgo de Osma, Archive of the Cathedral, Spain, From Wikimedia Co

제3부 하늘에서 들려오는 나팔소리

땅과 바다와 하늘의 재앙

Appearance Of The Seven Angels With Trumpets, Las Huelgas Apocalypse, Beatus of Liébana, Spain, 1220. Pierpont Morgan Library, New York, Medieval Illuminations from the Morgan

The rain of fire and blood, the Apocalypse of St. Sever (St. Sever Beatus), the Abbey of Saint-Sever. the 11th century, Bibliothèque Nationale, Paris, From Wikimedia Commons

Second trumpet:a great burning mountain plunges into the sea, Facundus Beatus, 1047. Illumination on parchment, Biblioteca Nacional, Madrid, From Wikimedia Commons

The Fourth Trumpet obscuring the Sun, the Moon, the Stars. Facundus Beatus, 1047. Illuminationon parchment, 195×180mm, Biblioteca Nacional, Madrid, From Wikimedia Commons

The Fourth Angel sounds his trumpet, Beatus Escorial, c. 950-955 Illumination on parchment, El Escorial Royal Library, San Lorenzo, From Wikimedia Commons

땅 위에 사는 자들은 화(禍)를 당하리라

The fifth Trumpet. Facundus Beatus, 1047. Illuminationon parchment, 195×180mm, Biblioteca Nacional, Madrid, From Wikimedia Commons

The Army Of Horsemen On Lion-Headed Horses, Rylands Beatus, Castile (Burgos?), c.1175,. the John Rylands Library, Manchester, England

The seventh trumpet blast, the Bamberg Apocalypse, 1000-1020, the monastery of Reichenau (Lake Constance), Bamberg State Library, German. From Wikimedia Commons

7년 대환난

John with the book and the rod, The Bamberg Apocalypse, the monastery of Reichenau (Lake Constance), 1000-1020, Bamberg State Library, German.

From Wikimedia Commons

Angel wrapped in a cloud. John measure the temple of God. Facundus Beatus, 1047. Illuminationon parchment, 195 x 180 mm, Biblioteca Nacional, Madrid, From Wikimedia Commons

David Roberts, *The Siege and Destruction of Jerusalem by the Romans Under the Command of Titus, A.D. 70*, Oil on canvas, 1850, From Wikimedia Commons

Jan Luyken, *The Rapture: One in the Field, etching*, Bowyer's Bible, Bolton, England, 1795, Public Domain

두 증인의 죽음과 영화로운 휴거

The two witnesses, The Gerona Beatus Codex, Commentary on the Apocalypse by Beatus of Liébana,c.975.Parchment, 36×23cm, the museum of Gerona Cathedral, Catalonia, Spain. From Wikimedia Commons

The Prophets and the Beast for the abyss, The Bamberg Apocalypse, the monastery of Reichenau (Lake Constance), 1000–1020, Bamberg State Library, Germa, From Wikimedia Commons

The Two Witnesses went up to heaven, The Cloisters Apocalypse, ca. 1330, Normandy, Paint, gold, silver and brown ink on parchment, 30.8 x 22.9 cm, The Cloisters, New York

Unknown, *Portrait of Moses, detail*. Icon, Third quarter of the 13th century. 34.3×23.8cm, Saint Catherine's Monastery, From Wikimedia Commons

메시야 탄생에 저항하는 사탄들

The Woman and the Dragon, Facundus Beatus, 1047. Illumination on parchment,

Biblioteca Nacional, Madrid, From Wikimedia Commons

Unknown flemish artist, *Woman in Childbed presenting her Child to an Angel*, Flemish Apocalypse, circa 1400. Bibliothèque Nationale de France Paris, From Wikimedia Commons

Fra bartolomeo, *Rest on the Flight into Egypt*.circa 1500. Pienza

Martinus,(Scribe=Petrus) *The Woman and the Dragon*, Apocalypse XII, Osma Beatus, Burgo de Osma, Archive of the Cathedral, Spain, From Wikimedia Commons

Blake, *The Great Red Dragon and the Woman clothed with Sun*, 1805–1810. 40×32.5cm, National Gallery of Art, Washington, D.C. From Wikimedia Commons

하늘에서의 큰 전쟁

War in Heaven, The Cloisters Apocalypse, ca. 1330, Normandy, France, Paint, gold, silver and brown ink on parchment, 30.8 x 22.9 cm, The Cloisters, New York

Raphael, *Saint Michael Vanquishing Satan*, 1518, 268×160cm, Louvre Museum, From Wikimedia Commons

Anonymous Byzantine painter *Michael the Archangel*. A 13th–century Byzantine icon from the Monastery of St. Catherine, Sinai, From Wikimedia Commons

Guido Reni(1575–1642), *Archangel Michael*, circa 1636, oil on canvas, 293×202cm, Santa Maria della Concezione, Rome, From Wikimedia Commons

짐승의 표 666이 찍힌 사람들

Jean Bourdichon, *John the Evangelist*, miniature from the Great Hours of Anne of Brittany, 1503–1508. Tours, Bibliothèque nationale de France, From Wikimedia Commons

The Beast from the sea with seven heads, The Bamberg Apocalypse, the monastery of Reichenau (Lake Constance), 1000–20, Bamberg State Library, German, From Wikimedia Commons

The Lord watching the people worship the beast of the sea in the presence of the red dragon, the Gulbenkian Apocalypse, ca. 1265–1270. Gulbenkian Foundation Museum, Lisbon, Portugal

Matthias Gerung, *The animal with the ten horns and the beast with the lamb horns*, Ottheinrich–Bibel, 1530–1532. Bayerische Staatsbibliothek, Munchen, From Wikimedia Commons

William Blake, *The number of the beast is 666*, 1805.Philadelphia, Rosenbach Museum and Library

시온산에서 경배하는 사람들
–선택 받은 144,000명

Sandro Botticelli, *The Virgin and Child* (The Madonna of the Book), 1480, Museo Poldi Pezzoli, Milan, Italy From Wikimedia Commons

Adoration of the Mystic Lamb on Mount Zion, Facundus Beatus, 1047. Illuminationon parchment, 195X180mm, Biblioteca Nacional, Madrid, From Wikimedia Commons

Magius (Master Of The School of Tavara), *The Lamb on Mount Zion*, Morgan

Beatus, after 922. parchment, 38.2×28.5 cm ,Pierpont Morgan Library, New York, Medieval Illuminations from the Morgan

Georgin François. *The 3 Roads to Eternity*, 1825. 38×58cm, Cornell University Library From Wikimedia Commons

사탄 경배자에 대한 심판
– 진노의 포도주를 마실 자들

The Three Angels flying, The Bamberg Apocalypse, the monastery of Reichenau (Lake Constance), 1000–20, Bamberg State Library, German, From Wikimedia Commons

Matthias Gerung, *The triumph of the Lamb and harvest*, Ottheinrich–Bibel, 1530–1532. Bayerische Staatsbibliothek, Munchen, From Wikimedia Commons

Reaping and Vendange eschatological, Beatus Escorial, c.950–955, Illumination on parchment, El Escorial Royal Library, San Lorenzo, From Wikimedia Commons

제4부 진노가 가득한 대접을 쏟으라

진노의 일곱 대접재앙들
– 지구환경의 혹독한 참상

The seven angels and seven last plagues, Rev.XV, the Facundus–Beatus, 1047. Biblioteca Nacional, Madrid, From Wikimedia Commons

the first three vials, miniature, The Bamberg Apocalypse, the monastery of Reichenau (Lake Constance), 1000–20, Bamberg State Library, German, From Wikimedia Commons

Matthias Gerung, *The Giving of the Seven Bowls of Wrath*, Ottheinrich–Bibel, 1530–1532, Bayerische Staatsbibliothek, Munchen, From Wikimedia Commons

역사의 종국을 선언하다
–역사의 종말까지 신을 모독하는 자들

The Curse of the fifth Cup(Apocalypse XVI) BEATUS Escorial, c.950–955 .Illuminationon parchment, 135×100mm, El Escorial, Royal Library of San Lorenzo, Spain, From Wikimedia Commons

Herrad von Landsberg, *Whore of* Babylon *Hortus deliciarum*, 1167–1185, From Wikimedia Commons

The seventh Cup, (Apoc. XVI), Facundus Beatus, 1047. Illuminationon parchment, 215×210 mm , Biblioteca Nacional, Madrid, From Wikimedia Commons

아마겟돈 전쟁
–므깃도에서 인류 최후의 대결전

Martinus(Scribe=Petrus), *The Frogs*, Osma Beatus, c.1086. Illumination on parchment, Biblioteca de la Catedral, El Burgo de Osma, Spain From Wikimedia Commons

The frogs come out of the Beast, the Dragon and the mouth of the False Prophet, Facundus Beatus, 1047, Illumination on parchment, 300×210mm, Biblioteca Nacional, Madrid, From Wikimedia Commons

Alexander building a wall against Gog and Magog, 16th century Persian miniature, Chester Beatty Library, Dublin, From Wikimedia Commons

Ruins atop Tel Megiddo, From Wikimedia Commons

음녀 바벨론
–바벨론의 멸망에 대한 일곱 환상들

The Great Prostitute gets drunk with King (Apoc. XVII), Facundus Beatus, 1047. Illuminationon parchment, 195×180mm, Biblioteca Nacional, Madrid, From Wikimedia Commons

Hure Babylon, Coloured woodcut from Luther's bible, 1520, From Wikimedia Commons

Unknown Spanish, *The Lamb Defeating the Ten Kings*, Illuminated manuscripts created in Spain, 1220 – 1235. Tempera colors and gold leaf on parchment, The J. Paul Getty Museum, public domain

The Whore of Babylon, The Bamberg Apocalypse, the monastery of Reichenau (Lake Constance), 1000–20, Bamberg State Library, German, From Wikimedia Commons

Hans Burgkmair, *the Whore of Babylon riding the seven–headed Beast*, Martin Luther's translation of the New Testament, 1523. woodcut(a hand colored copy), From Wikimedia Commons

Queen of the Night Relief, The figure could be an aspect of the goddess Ishtar, Babylonian goddess of sex and love. 19th C. BC – 18th C. BC. Height: 49.5 cm (19.5 in). Width: 37 cm (14.6 in). Depth: 4.8 cm (1.9 in). British Museum, From Wikimedia Commons

바벨론 멸망에 대한 애가
–큰 성이 다시는 보이지 아니하리라

Judgment of Babylon reduced to ablaze. Facundus, 1047, Illuminationon parchment, 297×240mm, Madrid, Biblioteca Nacional, Public Domain

Where kings or merchants lament for Babylon, Rylands Beatus, Castile (Burgos?), c.1175,. the John Rylands Library, Manchester, England

Angel Of The Millstone, Beatus of Liébana, Las Huelgas Apocalypse, Spain, 1220, Pierpont Morgan Libary, New York

어린 양의 혼인잔치
–할렐루야 하나님을 찬양하라

Adoration of the Lamb, From the Gospels of St. Medard of Soissons, early 9th cent, Paris, Bibliotheque Nationale, biblical art of the www

Jubilation over the fall of Babylon, The Bamberg Apocalypse, the monastery of Reichenau (Lake Constance), 1000–1020, Bamberg State Library, German, From Wikimedia Commons

Jan van Eyck(1395–1441), *The Adoration of the Mystic Lamb,* The Ghent Altarpiece (wings open), oil on oak panel, 1432, 350×461cm, Cathedral of St Bavo (Ghent, Belgium)

English master, *The Christ of the Apocalypse*, circa 1220. parchment, 25×22cm, Trinity College, Cambridge

그리스도의 재림
–백마를 타신 만왕의 왕

Martinus(Scribe=Petrus), *The Victorious Christ*, Osma Beatus, c.1086. Illumination on parchment, Cathedral of El Burgo de Osma(Soria), From Wikimedia Commons

Fighting against the beast. The beast and the false prophet into the fire, Flemish Apocalypse, circa 1400, illumination on parchment, Bibliothèque nationale de France, Paris, From Wikimedia Commons

Anonymous, Greece, Icon of Second Coming, Around 1700. Wood, gesso, tempera, 34.5×27cm, Private Collection. From Wikimedia Commons

Pietro Perugino:Altarpiece of San Pietro(Ascension of Christ), 1496–1500, Muséedes Beaux–Arts de Lyon, France

천년왕국

The binding and loosing of the Beast, The Bamberg Apocalypse, the monastery of Reichenau(Lake Constance), 1000–1020, Bamberg State Library, German. From Wikimedia Commons

The First Ressurection, The Cloisters Apocalypse, ca. 1330, Made in Normandy, France, gold, silver and brown ink on parchment, 30.8×22.9cm, The Cloisters, New York

최후의 심판
–생명책에 기록된 자의 영광

The Last Judgment, The Cloisters Apocalypse, ca. 1330, Made in Normandy, France, Paint, gold, silver and brown ink on parchment, 30.8×22.9cm, The Cloisters, New York public domain

Stefan Lochner(c.1410–1451) *Last Judgement*, c. 1435. tempera on oak polyptych, Wallraf–Richartz Museum, Koln, From Wikimedia Commons

Hans Memling, *The Last Judgment*, 1433–1494. Triptych, circa 1466–1473, oil on panel, National Museum, Gdańsk, From Wikimedia Commons

새 하늘과 새 땅
–다시는 사망과 눈물이 없으리라

The New Jerusalem, The Cloisters Apocalypse, ca. 1330, Made in Normandy, France, Paint, gold, silver and brown ink on parchment, 30.8×22.9cm, The Cloisters, New York, publi domain

Christ in Majesty From the Godescalc Evangelistary, c 781–3. Paris, Bibliothéque Nationale, From WikimediaCommons

Victorious Cross Of Oviedo, Beatus of Liébana, Las Huelgas Apocalypse, Spain, 1220. The Morgan Library &Museum, New York

John Martin(1789–1854), *The Plains of Heaven*, 1851–3.Oil paint on canvas,TateCollection, from the Wikimedia Commons

새 예루살렘
–영광이 가득한 빛나는 도성

John Led to the New Jerusalem, The Cloisters Apocalypse, ca. 1330, Normandy, France, Paint, gold, silver and brown ink on parchment, 30.8 x 22.9 cm, The Cloisters, New York

Heavenly Jerusalem, Beatus of Liébana, Las Huelgas Apocalypse, Spain, 1220, Pierpont Morgan Library, New York

Matthias Gerung, *The Heavenly Jerusalem*, Ottheinrich–Bibel, 1530–1532 Bayerische Staatsbibliothek, Munchen, From Wikimedia Commons

The new Jerusalem, Facundus, 1047. Illuminationon parchment, 297×240mm, Madrid, Biblioteca Nacional, From Wikimedia Commons

새로운 에덴동산
–생명수 강가에 늘어선 생명나무

Christ Enthroned Over the River of Life, Beatus of Liébana, Las Huelgas Apocalypse Spain, 1220, Pierpont Morgan Library, New York

Limbourg brothers, *The Garden of Eden*, Très Riches Heures du Duc de Berry, 1411–1416, tempera on vellum, Height: 29×21cm. Conde Museum, From Wikimedia Commons

The Fountain of Life, the Godescalc Evangelistary, c.781–783, Paris, Bibliothéque Nationale, From Biblical Art on WWW

The river of Life, The Bamberg Apocalypse, miniature, the monastery of Reichenau (Lake Constance), 1000–1020, Bamberg State Library, German, From Wikimedia Commons

요한계시록에 대한 증언들
–나는 다윗의 뿌리요 광명한 새벽 별이라

John, at the Feet of the Angel, Receives His Last Order , Beatus of Liébana, Las Huelgas Apocalypse, Spain, 1220, Pierpont Morgan Library, New York

Virtues defeat Vices. The Bamberg Apocalypse, the monastery of Reichenau (Lake Constance), 1000–1020, Bamberg State Library, German. public domain

Master of the Dresden Prayer–book, *Annunciation and the tree of Jesse*, The Isabella Breviary, late 15th century illuminated manuscript, the British Library, London.

Domenichino(1581–1641) *Saint John the Evangelist*, 1624–1629, oil on canvas, 259×199.4cm, National Gallery, London, From Wikimedia Commons

마라나타
– 주 예수여 오시옵소서

John before the Lord, The Cloisters Apocalypse, ca. 1330, Normandy, France, gold, silver and brown ink on parchment, 30.8×22.9cm, The Cloisters, New York, From Wikimedia Commons

Divine worship and final Theophany(ApocalypseXXII), Escorial Beatus, Ilumination on parchment, c.950–955, 150×180mm, El Escorial Royal Library of San Lorenzo, From Wikimedia Commons

Hans Burgkmair(1473–1531), *John the Evangelist on Patmos*, 1518, 153×125cm, Alte Pinakothe, Munich

John on the Island of Patmos, The Cloisters Apocalypse, ca. 1330, Normandy, France, gold, silver and brown ink on parchment, 30.8×22.9cm, The Cloisters, New York

참고문헌

국내문헌

로사 조르지. 권영진 역. 「성인 이야기, 명화를 만나다」. 서울 : 예경, 2006

마이클콜린스, 매튜 A. 프라이스. 김승철 역. 「사진과 그림으로 보는 기독교 역사」. 서울 : 시공사, 2011

스테파노 추피. 정은진 역. 「신약성서, 명화를 만나다」, 서울 : 예경, 2006

앙드레그라바. 박성은 역. 「기독교 도상학의 이해」. 서울 : 이화여자대학교 출판부, 2007

움베르토 에코. 이현경 역. 「미의 역사」. 서울 : 열린책들, 2005

칼릴 지브란. 박영만 역. 「사람의 아들 예수」. 고양 : 프리윌, 2013

크리스토퍼 히버트. 한은경 역. 「메디치가 이야기」. 서울 : 생각의 나무, 2001

키아라 데 카포아. 김숙 역. 「구약성서, 명화를 만나다」. 서울 : 예경, 2006

폴 존슨. 김주환 역. 「2천 년 동안의 정신 I, II, III」, 파주 : 살림, 2005

프리드리히 니체. 백승연 역. 「니체전집 15, 이 사람을 보라」. 서울 : 책세상, 2012

국립현대미술관. 「합스부르크 왕가 컬렉션, 비엔나 미술사박물관전」, 2007

김철손. 「성서주석 50 요한계시록」. 서울 : 대한기독교서회, 2010.

박성은. 「플랑드르 사실주의 회화」. 서울 : 이화여자대학교출판부, 2008

박수암. 「신약주석 요한계시록」. 서울 : 대한기독교출판사, 1991

박윤선. 「정암 박윤선의 요한계시록 강해」. 수원 : 도서출판 영음사, 2014

박창환. 「신약성경해설」. 대한예수교장로회총회출판국, 서울, 1990

성종현. 「신약총론」. 서울 : 장로회신학대학출판부, 1991

오우성. 「요한계시록 이야기」. 서울 : 대한기독교서회, 2013

이광주. 「아름다운 지상의 책 한권」. 서울 : 한길아트, 2001

장긍선. 「이콘-신비의 미」. 서울 : 기쁜 소식, 1993

외국문헌

Amanda O'neill. *Historical Facts, Biblical Times*. Crescent Books, Avenel. New Jersey, 1992

Albert Skira. *The Great Centuries of Painting*, G0YA TO GAUGUIN. Skira, New York, 1959

Alexander J.J.G. *The Master of Mary of Burgundy, A Book of Hours*, The Bodleian Library, Oxford, 1970

A. Hyatt Mayor. *Rembrandt and the Bible*. The Metropolitan Museum of Art, New York, 1978

Bernard Meehan. *The Book of Durrow*. Town House. Dublin, 1996

Bernard Meehan. *The Book of Kells*, Thames & Hudson. London, 1994

Bruce James. *Art Gallery of New South Wales Handbook*. Art Gallery NSW, 1999

Carlo Volpe. *Early Christian To Medieval Painting*, Paul Hamlyn. London, 1962

Chiara de Capoa. *Old Testament Figures in Art*. The J. Paul Getty Museum, Los Angeles, 2003

Christopher De Hamel. *A History of Illuminated Manuscripts*. Phaidon, 2001

Dmitrii Vladimirovich Sarabianov. *Russian and Soviet Painting*, TheMetropolitan Museum of Art, 1977

Francastel P. *Medieval Painting*, Dell Publishing Co., 1967

Francois Avril, *Manuscript Painting At The Court Of France*. GeorgeBraziller, New York, 1978

Frederick Hartt, *Michelangelo Buonarroti*. Harry N. Abrams, INC., New York, 1964

Gabriel Bise, *The Illuminated Naples Bible*. Crescent Books, New York, 1979

Hyatt Mayor A. *Rembrandt and the Bible*. The Metropolitan Museum of Art, New York, 1978

James Harpur, *Revelations, The Medieval World*, A. Henry Holt Book, New York, 1995

James Thorpe. *The Gutenberg Bible*, Huntington Library. San Marino, 1998

Janet Backhouse. *The Illuminated Page, Ten Centuries of Manuscript Painting*. The British Library, 1997

Janet Backhouse. *Lindisfarne Gospels, Phaidon*. Oxford, 1986

Janson H.A. *History of Art*. New York:Harry N. Abrams, Inc., 1997

Jean Bloch Rosensaft. *Chagall and The Bible*. The Jewish Museum, New York, 1987

John La Farge. *The Gospel Story in Art*. The Macmillan Company, 1926

John Plummer. *The Hours of Catherine of Cleves*. George Braziller, New York, 1964

John Rogerson. *Atlas of The Bible. Facts On File*, New York, 1991

Kenneth Barker. *The NIV STUDY BIBLE*. ZondervanPublishingHouse, MI, 1995

Maurice Berger and Joan Rosenbaum. *Masterworks of The Jewish Museum*. The Jewish Museum, New York, 2004

Meyer Schapiro. *The Language of Forms*, Lectures on Insular Manuscript Art. The Pierpont Morgan Library, 2005

Patricia A. Pingry. *The Story of The Bible*. Ideals Publication Incorporated, Nashville, Tennessee, 1998

Philippe de Montebello. *Masterpieces of The Metropolitan Museum of Art*. The Mtropolitan Museum of Art, New York, 1993

Rosa Giorgi. *Saints in Art*. The J. Paul Getty Museum, Los Angeles, 2002

Rowena Loverance. *Christian Art*. The British Museum Press, 2007

Sir Lawrence Gowing. *A Biographical Dictionary of Artists*. Fact On File, Inc.New York, 1995

Stefano Zuffi. *Gospel Figures in Art*. The J.Paul Getty Museum. LosAngeles, 2003

Thames and Hudson. *National Gallery of Art Washington*. National Gallery of Art, 1992

The State Hermitage Museum. *The Hermitage, Selected Treasures from aGreat Museum*. 1990

Thomas Bensley. *Holy Bible*. 2 Vols. Bowyer Fitler, London, 1795

Turner D.H., *The Hastings Hours*. Thames and Hudson, London, 1983

정기간행물과 주요 웹 자료

Smithsonian, September 1991–April 1997, 67 Vols., the SmithsonianAssociates, Washington, D.G

The Metropolitan Museum of Art Bulletin, Fall 1979–Summer 2017, 101 Vols., The Metropolitan Museum of Art, New York

www.nypl.org:The New York Public Library

www.bnf.fr:Bibliothèque nationale de France

www.moleiro.com:M. Moleiro Spain

metropolitanmuseum@email.metmuseum.org

http://blog.naver.com/yanghwajin 성서화 라이브러리

https://commons.wikimedia.org

http://library.nd.edu

http://katoliki.livejournal.com

http://www.biblestudytools.com

www.biblical-art.com

www.facsimilefinder.com

www.israelmint.com

www.moleiro.com

그림으로 읽는 요한계시록

이천년의 침묵
성서화

초판발행 2017년 9월 1일
2쇄발행 2017년 10월 15일

지 은 이 강정훈
펴 낸 이 채형욱
펴 낸 곳 한국장로교출판사
주　　소 03129 / 서울 종로구 대학로 19, 409(연지동, 한국기독교회관)
전　　화 (02) 741-4381 / 팩스 741-7886
영 업 국 (031) 944-4340 / 팩스 944-2623
등　　록 No. 1-84(1951. 8. 3.)

ISBN 978-89-398-4185-7 / Printed in Korea
값 13,000원

편 집 장 정현선
교정·교열 원지현, 이우진　　**표지·본문디자인** 최종혜
업무부장 박호애　　**영업부장** 박창원